Te Mana Mīharo o te Manaakitanga

Richard Brunton

Te Mana Mīharo o te Manaakitanga
The Awesome Power of Blessing
Nā Richard Brunton Ministries
Aotearoa New Zealand

© 2022 Richard Brunton

ISBN 978-0-473-63241-0 (Softcover)
ISBN 978-0-473-63242-7 (ePUB)
ISBN 978-0-473-63243-4 (Kindle)
ISBN 978-0-473-63244-1 (PDF)

Whakatakotoranga:
He mihi nui ki a
Joanne Wiklund rāua ko Andrew Killick
i whakatakotoria ngā kupu kia pai ai te pānui.

Whakaputanga & Whakatakoto kupu:
Andrew Killick
Castle Publishing Services
www.castlepublishing.co.nz

Kaitā:
Paul Smith

Nā Rerekohu August
i whakamāoritia.

Karaipiture nā New King James Version.

KUA WHAKAMANAHIA NGĀ MŌTIKA

Kia kaua tētahi e tāruarua, e whakamahi i ēnei
kupu mai i te pukapuka nei. Ki te hiahia koe ki te
tārua, me haere tōtika ki te kaituhi i te tuatahi.

IHIRANGI / CONTENTS

Whakamua	7
(Foreword)	
Kupu whakataki	15
(Introduction)	

Wāhanga tuatahi: He aha te manaaki?   **25**
(Part One: Why Blessing?)

Te māramatanga	27
(The Insight)	
Te mana o ā mātou kōrero	35
(The Power of Our Speaking)	
Neke atu i te kōrero Pai ki te Manaakitanga	41
(Moving from Good Speaking to Blessing)	
He aha te manaaki Karaitiana?	45
(What is Christian Blessing?)	
To tātou mana wairua	51
(Our Spiritual Authority)	

Wāhanga Tuarua: Me pēhea te mahi   **65**
(Part Two: How to Do It)

Ko ētahi mātāpono nui	67
(Some Important Principles)	

Hangaia he māngai mā hei wāhi noho mōu (Make a Clean Mouth a Lifestyle)	67
Pātai ki te wairua tapu he aha te kōrero (Ask the Holy Spirit What to Say)	67
Te manaaki ko te wehe ke i te intercession (Blessing as Distinct from Intercession)	69
Kaua e whakawā (Don't Judge)	71
Hei tauira (An Example to Illustrate)	73
Ngā āhuatanga rerekē ka pā atu ki ā tātou (Different Situations We May Face)	77
Te manaaki i te hunga e kohukohu ana, e kanga rānei ia koe (Blessing Those Who Revile or Curse You)	77
Te manaaki i te hunga e whara, e whakakahore rānei i a koe (Blessing Those Who Hurt or Reject You)	79
Te manaakitanga i te hunga naana koe i hoha (Blessing Those Who Have Provoked You)	85
Te manaaki, kaua ki te kanga i a tātou ake (Blessing, Instead of Cursing, Ourselves)	93
Te mōhio me te aukati i ngā kanga (Recognising and Breaking Curses)	93
Te manaakitanga o te ngutu o te kotahi (Blessing One's Mouth)	97
Te manaakitanga i te whakaaro o tētahi (Blessing One's Mind)	99

Te manaakitanga o tātou tinana	103
(Blessing Our Bodies)	
Te manaakitanga i to kāinga, te marena me ngā tamariki	113
(Blessing Your Home, Marriage and Children)	
He manaakitanga o te matua	129
(A Father's Blessing)	
Te manaaki i ētahi atu mā te tuku i ngā poropiti	141
(Blessing Others by Releasing the Prophetic)	
Te manaakitanga i tō wāhi mahi	141
(Blessing Your Workplace)	
Te manaaki i te hapori	147
(Blessing a Community)	
Te manaakitanga o te whenua	151
(Blessing the Land)	
Whakapaingia (Manaakitanga) te Ariki	153
(Blessing the Lord)	
He kupu whakamutunga mai i te kaipānui	155
(A Final Word from a Reader)	
He kupu whakamutunga mai i te kaituhi	157
(A Final Word from the Author)	
Ngā tono	159
(Applications)	
Me pēhea te tū tūturu hei Karaitiana	163
(How to Become a Christian)	

FOREWORD

I encourage you to read this small book with its powerful message – you will be changed!

It was while Richard Brunton and I were having breakfast one morning that he shared what God had revealed to him about the power of blessing, and I immediately saw the potential for great impact in the lives of others.

I filmed his message to show at our church men's camp. The men present thought it was so good they wanted the whole church to hear it. People began putting it into practice in every area of their lives and we heard amazing testimonies as a result. One businessman reported that his business had gone from 'nothing, to profit' within two weeks. Others were physically healed as they began to bless their bodies.

Other opportunities for this message to be heard

WHAKAMUA

He whakatenatena kia panui i tēnei pukapuka iti me ngā kōrero o roto – ka rerekē koe!

I te parakuihi māua ko Richard Brunton i tētahi ata ka kōrerohia e ia ta te Atua i whakakite mai ki a ia mō te mana o te manaakitanga, ā, i kite tonu ahau ka kaha pea te pā ki ngā oranga o ētahi atu.

I rīkoata ahau i tōna whakaaturanga hei whakaatu i te puni ki tō mātou whare karakia. I pai ngā whakaaro o ngā tāne i huihuia, i hiahia rātou kia rongo te katoa o te hahi. I tīmata te iwi ki te whakamahi i roto i ngā wāhanga katoa o o rātau ao, ā, ka rongo mātou i miharotanga i puta i te mutunga. I mea mai tētahi kamupene, kāore i whai hua tana pakihi ki te tini o ngā hua i roto i ngā wiki e rua. Ko ētahi i ora ai o rātou tinana.

Ko ētahi atu mea angitu i rangona mai i tēnei kōrero

began to open up. I was due to speak at a Gathering of the Generals event (where church pastors come together to learn and be refreshed) in Kenya and Uganda. Richard accompanied me on that trip and took a session on blessing. The message broke through long-buried emptiness and pain. Most of the people in the audience had never been blessed by their fathers and as Richard stood in that role and blessed them, many cried and experienced emotional and spiritual release along with an immediate change in their lives.

Knowing how to bless has impacted my life to the point where I now look for opportunities to bless others in 'word and deed' – through what I say and do. You will enjoy this little book, and if you apply it to your life, your fruitfulness will abound and overflow for the Kingdom of God.

Geoff Wiklund
Geoff Wiklund Ministries,
Former Chairman, Promise Keepers,
Auckland, Aotearoa New Zealand

ka tīmata te puta puta haere. I tū au ki te kōrero ki tētahi huihuinga o te Huihuinga o ngā Tianara (te huihuinga o ngā hepara o te hahi ki te ako me te whakahou) i Kenya me Uganda. I haere tahi a Richard ki taku taha i runga i taua haerenga ka kōrero mo te manaaki. I rawe te kōrero. Ko te nuinga o te hunga whakarongo, kāore anō kia pā i te ringa o te Atua, ana ka tū a Richard i roto i ana mahi ki te tuku karakia, he maha i tangi nā te tuku i ngā hara, ā, i panoni wawe o rātou ao.

Ko te mohio me pēhea te manaaki kua āwhinahia tōku ora ki te wā e rapu ana ahau inaianei mō ngā mea angitu ki te manaaki i ētahi atu ki te 'kupu me te mahi' – mā roto i aku kōrero me aku mahi. Ka whakahoki koe i tēnei pukapuka iti, ana ki te whakamahia e koe ki to koiora, ka maha o hua ka huaki mo te rangatiratanga o te Atua.

Geoff Wiklund
Geoff Wiklund Ministries,
Former Chairman, Promise Keepers,
Auckland, Aotearoa New Zealand

God has blessed Richard with a revelation of the power of blessing when it is released on others. I believe that this is a revelation from God for our time.

As Richard lives out his message, this brings an authenticity that people immediately relate to.

This caused us to invite Richard to speak at all our Promise Keepers men's events. The impact was immensely powerful and life-changing for many.

'Blessing' was a topic that reached in and grabbed men's hearts at the Promise Keepers events. There was a massive positive response to this important teaching – blessing, benediction and the power of 'good speaking'. Many of the men had never really received blessing or given it to others. After hearing Richard's message, and reading this book, they received a powerful blessing and were equipped to bless others in the name of the Father, the Son and the Holy Spirit.

Kua manaakitia a Geoff i a Richard me te whakakitenga mai o te mana manaaki inā tukuna ana ki ētahi atu. Ki taku whakapono he whakakitenga tēnei nā te Atua mō o tātou wā.

I a Richard e whakaputa ana i tana kōrero, he pono tūturu tēnei e rongohia ana e te iwi.

Nā tēnei i kī mātou ki te karanga ki a Richard kia kōrero i ngā huihuinga katoa a ngā Kaitiaki Kaipupuri. He tino kaha te pānga me te huri o te ora mō te nuinga.

Ko te manaakitanga te kaupapa, i uru atu ki ngā ngakau o ngā tāngata i te wā e whakahaerehia ana ngā Kaipupuri Tūturu. I tino kaha te whakautu ki tēnei whakaakoranga nui – te manaakitanga manaaki me te mana o te 'kōrero pai'. He maha ngā taane kāore anō kia whiwhi manaaki, kia hoatu rānei ki ētahi atu. I muri i te rangona i te kōrero a Richard, me te panui i tēnei pukapuka, ka whakawhiwhia e rātou he manaakitanga kaha, ka rite ki te manaaki i ētahi atu i runga i te ingoa o te Matua, o te Tama me te Wairua Tapu.

I commend Richard and this book on *The Awesome Power of Blessing* as a powerful way of releasing the fullness of God's blessing in our families, our communities and our nation.

Paul Subritzky
Former National Director, Promise Keepers
Auckland, Aotearoa New Zealand

Ka whakamoemiti ahau ki a Richard me tēnei pukapuka mō te Mana Awe o te Manaakitanga hei huarahi kaha ki te whakaputa i te manaakitanga o te Atua i roto i o tātou whanau, o tātou hapori me to tātou motu.

Paul Subritzky
Former National Director, Promise Keepers
Auckland, Aotearoa New Zealand

INTRODUCTION

Everyone loves to hear exciting news – and it's even better when you get to tell it!

When I discovered the value of giving a blessing, it was as if I was the man in the Bible who discovered treasure in a field. I enthusiastically shared my thoughts and experiences with Pastor Geoff Wiklund and he asked me to talk to the men from his church at a camp in February 2015. They were so impressed they wanted the whole church to hear the message.

When I spoke at the church, it happened that Reverend Brian France, of Charisma Christian Ministries, and Paul Subritzky, of Promise Keepers NZ, were attending that day. This resulted in my sharing the message at Charisma in New Zealand and in Fiji, and to the men at Promise Keepers as well. Many took hold of it and immediately began putting it into practice with excellent results. Some commented

KUPU WHAKATAKI

He pai ki ngā tangata katoa te aro atu ki ngā pūrongo whakaongaonga – anā ko te mea pai ake ka taea e koe te whakapuaki a aua kōrero.

I taku kitenga i te uara o te manaaki, me te mea ko au te tangata o te paipera i kite i tētahi taonga i te mara. I tino whakahihiri au i aku whakaaro me aku wheako ki a Pastor Geoff Wiklund, ā, ka tono ia ki ahau kia kōrero ki te mn mai i tana whare karakia i tētahi puni i te Hui-tanguru 2015. I tino mīharo rātou i te hiahia kia rongo te whare karakia katoa i te kōrero.

I au e kōrero ana i te whare karakia, ka tae mai ko Reverend Brian France, o Charisma Christian Ministries, me Paul Subritzky, o Promise Keepers Aotearoa, i tae mai i taua rā. I puta tēnei i taku kōrerotanga i te kōrero i Charisma i Aotearoa me Fiji, me ngā tāne o Promise Keepers hoki. He maha i mau i a ia ka timata ki te whakamahi me ngā hua pai. Ko

that they had never before heard teaching on this aspect of the Kingdom of God.

The ministry of blessing seemed to snowball. (Doesn't God say, 'A man's gift will make room for him'?) Towards the end of 2015, I accompanied Pastor Geoff to Kenya and Uganda. He was ministering to hundreds of pastors attending the Gathering of the Generals. This was an annual event where the delegates sought inspiration and support, and Geoff felt that my teaching on blessing would be helpful for them. And so it turned out to be. Not only the pastors, but other speakers from America, Australia and South Africa felt it was a powerful message and encouraged me to do something to reach a wider audience.

I neither wanted to build and maintain a website, nor write an in-depth work when other excellent ones already exist. The message of blessing is very simple – easily put into practice – and I didn't want its simplicity lost in complexity – hence this little book.

ētahi e kī ana kāore koe i ako i tēnei āhuatanga o te rangatiratanga o te Atua.

Ko te minita i tuku i ngā manaakitanga i pērā ki te hukarere. (Kāre te Atua e kī 'Ko te koha a te tangata ka wātea'?) I te mutunga o te 2015, ka haere tahi māua ko Pastor Geoff ki Kenya me Uganda. I a ia e mahi ana ki ngā hepara rau e haere ana ki te Huihuinga o ngā Tianara. He huihuinga-a-tau tēnei i whai ngā kaitautoko ki te kipakipa me te tautoko, me te whakaaro a Geoff he pai mō aku kupu ako mō te manaaki. Ka pērā te āhua. Ehara ko ngā hepara anake, engari ko ētahi o ngā kaikōrero nō Amerika, Ahitereiria me Awherika ki te Tonga i mahara he kōrero kaha tēnei me te akiaki i ahau kia mahi i tētahi mea kia toro atu te hunga whakarongo.

Kāre ahau i hiahia ki te hanga me te pupuri paetukutuku, kāore hoki i te tuhi i tētahi mahi hohonu inā kua ea etahi atu tino pai. He tino ngawari te kōrero manaaki – he mahi ngawari noa iho – a kaore au i pai kia ngaro te maamaa o te uaua – no reira tēnei pukapuka iti.

I have drawn quotations from *The Power of Blessing* by Kerry Kirkwood, *The Grace Outpouring: Becoming a People of Blessing* by Roy Godwin and Dave Roberts, *The Father's Blessing* by Frank Hammond, and *The Miracle and Power of Blessing* by Maurice Berquist. I'm sure I've drawn or learnt from other people and other books as well, but over the years it's all got merged together.

Discovering the power of blessing will open up a whole new way of living for anyone who acts upon it. I bless people most days now – believers and unbelievers – in cafés, restaurants, hotels, waiting rooms and even on the street. I have blessed orphans, orphanage staff, an air hostess on a plane, orchards, animals, wallets, businesses and medical conditions. I have had grown men and women weeping on my chest as I have proclaimed a father's blessing over them.

I tuhia e au ngā kōrero mai i te Mana o te Manaakitanga (*The Power of Blessing*) na Kerry Kirkwood. Ko Te Rerehua o Te Aroha Hei Tangata Takitahi (*The Grace Outpouring: Becoming a People of Blessing*) nā Roy Godwin me Dave Roberts, ngā Manaakitanga a te Matua (*The Father's Blessing*) nā Frank Hammond, me te Miracle me te Mana o te Manaakitanga (*The Miracle and Power of Blessing*) na Maurice Berquist. E mōhio ana ahau i ahu mai i ētahi atu tāngata me ētahi atu pukapuka rānei, engari i roto i ngā tau kua honoa katoahia.

Mā te kite i te mana manaakitanga ka puare i te noho hou mō te hunga katoa e mahi ana i taua mahi. Ka manaakitia e ahau te nuinga o ngā rā inaianei – te hunga whakapono me te hunga kore whakapono – i roto i ngā wharekai, hōtēra, rūma tatari tae noa ki ngā huarahi. Kua manaakitia e ahau ngā pani, ngā kaimahi pani, tētahi kaitautoko rererangi i runga i te rererangi, uru huarākau, kararehe, pūkoro, pakihi me ngā tikanga hauora. He pakeke aku tane me ngā waahine e tangi ana i runga i taku uma i a au e kī ana i te manaakitanga a te pāpā mo rātou.

When speaking with unbelievers, I have found that 'May I bless you/your business/your marriage etc?' is less threatening than 'Can I pray for you?' Indeed, this simple approach, expressed with loving concern, led to one of my family members coming to know the love and saving power of Jesus Christ, after years of argument.

I often don't get to witness the outcome, but I have seen enough to know that blessing changes lives. And it has changed mine too.

It is God's nature to bless and, as creatures made in His image, it is in our spiritual DNA as well. The Holy Spirit is waiting for God's people to step out in faith and in the authority that Jesus Christ won for them, in order to transform lives.

I am sure you will find this booklet helpful. Jesus has not left us powerless. Speaking blessings in all kinds

I a au e kōrero ana ki te hunga whakapono kore, i kitea e au 'Ka manaaki au i a koe / i tō pākihi / i tō marenatanga, me era atu?' he iti ake te whakawehi i te 'Ka taea e au te inoi mo koe?' Ae, ko tēnei huarahi ngawari, i puta i runga i te awangawanga aroha, i arahi ai tētahi o ōku mema o te whānau ki te mōhio ki te aroha me te mana whakaora o Ihu Karaiti, whai muri i ngā tautohetohe tau.

He maha ngā wā kāore au e kite ki te mutunga, engari he maha ngā mea kua kite ahau mo te mohio ka huri ke te manaaki i ngā oranga. Ana kua huri ke tāku.

Ko te tikanga a te Atua ki te manaaki, ā, i te mea e haurangi ana ngā kaihanga. Ko tōna āhua, kei roto hoki i o tātou DNA wairua. Kei te tatari te Wairua Tapu mō te iwi o te Atua kia maranga i runga i te whakapono me te mana i riro i a Ihu Karaiti mō rātou, kia huri ai o rātou oranga.

Kei te mōhio ahau ka kite koe i te painga o tēnei pukapuka. Kāore a Ihu i waiho i a tātou kia ngoikore noa. Ko te manaaki i ngā manaakitanga i roto i ngā

of situations is a neglected spiritual grace that has the potential to change your world.

Enjoy.
Richard Brunton

momo āhuatanga katoa he atawhai wairua wairangi kāore e taea te huri i to ao.

Kia pai.
Richard Brunton

PART ONE:
Why Blessing?

WĀHANGA TUATAHI:
He aha te manaaki?

THE INSIGHT

My wife Nicole is New Caledonian and so, of course, that meant I needed to learn to speak French and spend a fair bit of time in her birthplace, Noumea. Although New Caledonia is mainly a Catholic country, it wasn't long before I noticed that many people still had contact with the 'dark side', while also practising their religion. It wasn't uncommon for people to visit a medium, clairvoyant or a *guérisseur* without understanding that they were actually consulting witchcraft.

I remember my wife taking me to visit a young woman in her twenties who had been taken to one of these 'healers', but who, soon after, had ended up in a home for mentally disturbed or depressed people. As I understood she was a Christian, I commanded the demons that had entered her to go, in the name of Jesus Christ. A Catholic priest prayed as well and,

TE MĀRAMATANGA

Ko taku wahine a Nicole nō New Caledonia, nō reira, ko te tikanga, me ako ahau ki te kōrero i te reo Wīwī me noho i te wāhi i whanau mai ia, i Noumea. Ahakoa he whenua Katorika a New Caledonia, kāore i roa i muri ka kite ahau he maha tonu ngā tāngata i pā atu ki te taha pouri, i a rātou anō hoki e mahi ana i tā rātou haahi. Ehara i te mea noa kia toro atu nga tāngata ki tētahi mātauranga, ki tētahi kaiwhakangūngū, ki tētahi kaitapahi rānei, me te kore e mōhio he tino kōrero rātou ki nga mahi atua.

Kei te maumahara ahau ki taku wahine i kawe mai ki ahau ki te tirotiro i tētahi taiohi e rua tekau ōna pakeke i haria ki tētahi o ēnei kaiwhakaora, engari, i muri tonu mai, ka noho ki tētahi kāinga mō ngā tāngata pouri. I taku mārama he Karaitiana ia, ka whakahau ahau i ngā tipua i uru ki roto i a ia kia haere, i runga i te ingoa o Ihu Karaiti. I karakia anō tētahi pirihi Katorika ana, i

between us, this girl was set free and discharged from the institution not long after.

Others professed their Catholic religion and yet openly displayed statues or artefacts of other gods. There was one such man I met who had continual stomach problems. One day I said to him that I believed that if he got rid of the big, fat Buddha that was in front of his house – it was all lit up at night – his stomach problems would cease. In addition, some of the artefacts he had collected needed to go. He resisted – how could these 'dead' things possibly make him sick? After some months I saw him again and asked how his stomach was. Somewhat sheepishly he replied, 'I finally took your advice and got rid of the Buddha. My stomach is fine now.'

On another occasion, I was asked to go to the house of a woman with cancer. Before I began to pray I suggested they get rid of the statues of Buddha in their lounge, which her husband immediately did. As I broke curses off her and commanded demons to leave in the name of Jesus, she described an icy cold-

waenga i a mātou, ka wetekina tēnei kōtiro ka tukuna ki waho o te whare i muri tata mai.

Ko ētahi i kī i tā rātou haahi Katorika engari i whakaatu whānui i te mana me ngā taonga a ētahi atu atua. Kotahi tonu te tangata ka tutaki ahau ki a ia, he raru tonu o te kopu. I tētahi ra i kī atu ahau ki a ia e whakapono ana ahau mena ka whakakahoretia e ia te Buddha nui, momona kei mua i tōna whare – ka whiti katoa i te po – ka mutu nga raru o tona kopu. Hei tāpiri, ko ētahi o nga taonga i kohia e ia me haere. I whakahē ia – me pēhea e mate ai enei mea tupa-paku? I muri o ētahi marama ka kite ano ahau ia ia ka patai kei te pēhea tona kopu. He ahua hepara ia ki te whakahoki, i te mutunga ka mau au ki o tohutohu ka peia te Buddha Kei te pai taku kopu inaianei.

I tētahi atu wā, i tonohia ahau kia haere ki te whare o te wahine mate pukupuku. I mua i taku tīmata ki te inoi i kī atu ahau kia peia e rātou nga whakapakoko o Buddha i to ratau ruuma, i mahi tonu tana tahu. I au e kanga ana i aku kanga ka whakahau ahau i nga rew- era kia haere i runga i te ingoa o Ihu, ka whakaahua ia

ness moving up her body from her feet and leaving from her head.

So, against this background, I decided to give a teaching on 'curses' to a prayer group that my wife and I had started in our Noumea apartment. The teaching was based on Derek Prince's body of work (Derek Prince was a renowned twentieth-century Bible teacher). While I was preparing my message in French, I learnt that their word for cursing was *malédiction*, and their word for blessing was *bénédiction*. The root meanings for these words are 'bad speaking' and 'good speaking'.

Formerly, when I compared cursing and blessing, cursing seemed dark, heavy and dangerous, and blessing seemed quite lightweight and benign. I had heard teachings on cursing before, but never on blessing – which probably contributed to my perception. I had also never heard anyone bless another person with real intent and impact. In fact, the extent of a Christian's blessing might be to say, 'Bless you', when someone sneezes, or write 'Blessings' at the

i te makariri o te haupapa e neke ake ana i tana tinana mai i ona waewae ka waiho mai i tona mahunga.

No reira, ki tēnei papamuri, i whakatau ahau ki te akoako mo nga kanga ki te roopu roopu karakia kua tīmata māua ko taku wahine i roto i to mātou whare noumea. Ko te whakaakoranga i ahu mai i te tinana mahi o Derek Prince (Ko Derek Prince te kaiwhakaako Paipera rongonui o te rautau rua tekau). I a au e whakarite ana i taku kōrero i te reo Wīwī, ka mōhio au ko a ratau kupu kanga he kanga, ko ta ratau kupu manaaki he manaakitanga. Ko nga putake o era kupu he kino te kōrero, he pai te kōrero.

I mua, i taku whakataurite i te kanga me te manaaki, ko te kanga he pouri, he taumaha, he morearea, me te manaaki he tino maamaa me te ngawari. I rongo ahau i nga whakaakoranga mo te kanga i mua, engari kaore mo te manaaki – i uru mai pea taku whakaaro. Kaore ano ahau kia manaaki i tētahi atu ki tētahi atu me te tino whakaaro me te awe. Inaa hoki, ko te whānuitanga o te manaakitanga o te Karaitiana ko te kī atu, 'manaakitia koe' ka tiihi ana tētahi, ka tuhi rānei

end of a letter or email – as if it was almost a habit rather than something intentional.

Later, as I thought on these words, 'malediction' and 'benediction', it occurred to me that if 'bad speaking' was powerful, then 'good speaking' should be at least as powerful and, with God, probably much more powerful!

This revelation, together with other insights that we will talk about later, set me off on a course to discover the *power* of blessing.

i te 'manaakitanga' i te mutunga o te reta me te īmera rānei – me te mea he tikanga noa ake tena ki tētahi mea e whaaia ana.

I muri ake, ka whakaaro ahau ki enei kōrero, 'kino' me nga kupu 'manaakitanga', i whakaaro ahau mēnā he kaha te 'kōrero kino', he pai te 'kōrero pai' me kaha rawa atu, me te Atua, akene he kaha ake!

Ko tēnei whakakitenga, me ētahi atu tirohanga ka kōrerohia a muri ake nei, ka anga ke atu au ki te huarahi kia kitea te mana o te manaakitanga.

THE POWER OF OUR SPEAKING

Not wanting to repeat what many good books have said about the power of our words, I want to give a summary of what I believe is very important in this area.

We know that:

> *Death and life are in the power of the tongue and those who love it, will eat its fruit. (Proverbs 18:21)*

Words contain tremendous power – either positive and constructive, or negative and destructive. Each time we speak words (and even use a particular tone, which adds meaning to the words), we speak either life or death to those who hear us and to ourselves. Further, we know that:

TE MANA O Ā MĀTOU KŌRERO

I te kore e hiahia ki te whakahou i ngā kōrero pai a ngā pukapuka pai mō te kaha o ā mātou kupu, kei te hiahia ahau ki te whakaputa i tētahi whakarāpōpototanga o ngā mea e whakapono ana ahau he mea nui ki tēnei wāhanga.

E mohio ana tātou ki tera:

> *ko te mate me te ora kei i te arero te hunga ko te hunga e aroha ana ki tera ka kai i nga hua (Whakatauki 18:21)*

He kaha te kaha o nga kupu, he pai rānei, he kino rānei, he kino rānei. Ia wā ka kōrero tātou i nga kupu (ka whakamahi hoki i tētahi reo, e taapiri ana i nga kupu) ka kōrero tātou mo te ora, mo te mate rānei ki te hunga e whakarongo ana ki a tātou hoki. Ano hoki, e mohio ana tātou:

> *Out of the abundance of the heart the mouth speaks. A good man out of the good treasure of his heart brings forth good things, and an evil man out of the evil treasure brings forth evil things. (Matthew 12:34-35)*

Thus, out of a critical heart speaks a critical tongue; from a self-righteous heart, a judgemental tongue; an ungrateful heart, a complaining tongue; and so on. Similarly, lustful hearts bear corresponding fruit. The world is full of negative speaking. The media spews it out day after day. Human nature being what it is, we tend not to speak well over people or situations. It doesn't seem to come naturally to us. We often wait until people are dead before saying nice things about them. However, the 'good treasure' springs out of loving hearts that will speak with a gracious tongue; from peaceful hearts, a reconciling tongue; and so on.

The statement, 'and those who love it, will eat its fruit' suggests we will reap what we sow – be it good or bad. In other words, you will get what you say. What do you think of that?

Na te mauiui o te ngakau e kōrero ai te waha. Ko te tangata pai he pai i roto i nga taonga Kaha puta mai i tona ngakau he mea pai me te tangata kino e whakaputa mai ana i nga taonga kino. (Matiu 12:34-35)

No reira, ma te ngakau whakahe e kōrero te arero whakahe; mai i te ngakau tika, he arero whakawa; he ngakau ngakau kore, he arero amuamu; aha atu. Waihoki, ko nga ngakau hiahia ka hua he hua. Kiki tonu te ao i te kōrero kino. Ko te tau waenga e whakaputa ana ia ra i ia ra. Ko te tāngata o te tangata, he aha tātou kaore tātou e pai ki te kōrero mo te tāngata, mo nga ahuatanga rānei. E kore e sm ki te haere mai maori ki a mātou. He maha nga wā ka tatari tātou kia mate ra ano nga tāngata i mua i te kōrero pai mo rātou. Heoi, ko te taonga pai ka ahu mai i nga ngakau aroha ka kōrero ma te arero atawhai; mai i nga ngakau maungarongo, he arero houhanga rongo; aha atu.

Ko te tauākī me te hunga e aroha ana ki a ia ka kai i ona hua ko te whakaaro ka kokoti tātou me ta tātou e rui – he pai, he kino rānei I ētahi atu kupu, ka whiwhi koe i nga kōrero. pēhea to whakaaro mo tera?

This is true for all human beings, regardless of whether they have a Christian belief or not. Christians and non-Christians alike can speak words of life – for example, either might say: 'Son, that's a great hut you've built. You could be an excellent builder or an architect one day. Well done.'

However, a born-again Christian has a *new* heart. The Bible puts it that we are 'new creations' (2 Corinthians 5:17). Therefore, as Christians, we should be doing more *good* speaking and less *bad*. We can easily lapse into negativity if we are not careful to guard our hearts and words. Once you begin to consciously think about this, you'll be surprised how often Christians – even unwittingly – curse themselves and others. More about that later.

He tika tēnei mō ngā tāngata katoa, ahakoa he whakapono Karaitiana rātou, kaore rānei. Ka taea e nga Karaitiana me nga Tau-kore me nga tau-kore te kōrero i ngā kōrero o te ora – hei tauira, me kī pea: 'E tama, he wharenui tera i hangaia e koe. Ka pai pea koe hei kaihanga, hei kaihoahoa rānei i tētahi ra. Kia ora.'

Heoi, he hou te manawa o te Karaitiana whanau hou. E kīa ana e te Paipera he 'hanga hou' (2 Koriniti 5:17). No reira, hei Karaitiana, me pai ake ta tātou kōrero kia iti ake ai te kino. Ka ngawari te heke o te W ki te kore e aro ki te tiaki i a mātou toi me a tātou kupu. Ka tīmata ana to whakaaro ki tēnei, ka miharo koe i te nuinga o nga wā o nga Karaitiana – ahakoa te pohehe – ka kanga i a rātou ano me ētahi atu. He maha atu ano mo tera a muri ake nei.

MOVING FROM GOOD SPEAKING TO BLESSING: OUR CALLING

As Christians, with the life of the Lord Jesus flowing through us, we can go beyond just good speaking – we can speak and impart blessings over people or situations – and indeed we are called to do so. Perhaps blessing is our great calling. Read the following:

> *Be tender-hearted, be courteous; not returning evil for evil or reviling for reviling, but on the contrary blessing, knowing that you were called to this, that you may inherit a blessing. (1 Peter 3:8-9)*

We are called to bless and to receive a blessing.

NEKE ATU I TE KŌRERO PAI KI TE MANAAKITANGA: TO TĀTOU KARANGA

Ka rite ki nga Karaitiana, ma te ora o te Ariki, o Ihu, e puawai ana i roto i a tātou, ka taea e tātou te neke atu i nga kōrero pai noa – ka taea e ia te kōrero me te whakawhiwhi i nga manaakitanga ki runga i nga tāngata, ki nga ahuatanga rānei – ana he mea karanga tātou kia pera. Akene ko te manaakitanga to tātou piiraa nui. Pānuihia ngā kōrero e whai ake nei:

Kia ngakau ngawari, kia whai whakaaro; Kaua e utua te kino ki te kino, he taunu ki te taunu: engari me manaaki: me te mahara ano kua karangatia koe ki tēnei, kia riro ai i a koe he nama. (1 Pita 3:8-9)

Ka kīa mātou he ti manaaki me te whiwhi manaakitanga.

The first thing God spoke to Adam and Eve was a blessing:

Then God blessed them, and God said to them, 'Be fruitful and multiply; fill the earth and subdue it…' (Genesis 1:28)

God blessed them so they could be fruitful. Blessing is an attribute of God – it's what He does! And like God – and from God – we too have the authority and the power to bless others.

Jesus blessed. The last thing He did, even as He was about to ascend to heaven, was to bless His disciples:

And He led them out as far as Bethany, and He lifted up His hands and blessed them. Now it came to pass, while He blessed them, that He was parted from them and carried up into heaven. (Luke 24:50-51)

Jesus is our role model. He said that we should do the same things He did, in His name. We are designed by God to bless.

Ko te mea tuatahi i kōrero ki a Ārama raua ko Iwi he manaakitanga:

Na ka manaaki te Atua ia rātou, ka mea te Atua ki a rātou, 'Kia hua, kia tini; whakakīa te whenua, kia ngohengohe…' (Kenehi 1:28)

Nā te Atua i manaaki i a ratau kia hua. Ko te manaakitanga te huatanga mai i te Atua – ko tana mahi! he rite ki te Atua – mai i te Atua – kei a tātou hoki te mana me te mana ki te manaaki i ētahi atu.

Nā Ihu i manaaki. Ko te mea whakamutunga i mahia e ia, i a ia e piki ana ki te rangi, ko te manaaki i ana akonga.

Nā arahina ana rātou e ia ki waho, ki Petani, nā kua ara ona ringa, whakapaingia ana rātou. A, ia ia e whakapai ana ia rātou, ka mawehe atu ia ia rātou, kahakina atu ana ki te rangi. (Ruka 24:50-51)

Ko Ihu to tātou tauira. I kī a H kia mahi i nga mea i mahia e ia, i runga i tona ingoa. nā te Atua tātou i hanga hei manaaki.

WHAT IS CHRISTIAN BLESSING?

In the Old Testament, the word 'blessing' is the Hebrew word *barak*. This simply means, 'to speak the intention of God'.

In the New Testament, the word 'blessing' is the Greek word *eulogia*, from which we get the word 'eulogy'. So, in practice, this means 'to speak well of' or 'speak the intention and favour of God' on a person.

That's the definition of blessing that I will use for this book. Blessing is to speak the intentions or favour of God over someone or some situation.

God, for the most part, in His wisdom, has decided to limit His work on earth to what He can accomplish through His people. This is how He brings His

HE AHA TE MANAAKI KARAITIANA?

I roto i te Kawenata Tawhito, te kupu 'manaaki' ko te kupu Hiperu 'barak'. Ko te tikanga noa tēnei, 'ki te kōrero i te hiahia o te Atua'.

I roto i te New Testament, te kupu 'manaaki' ko te kupu Kariki 'eulogia', mai i reira ka puta mai te kupu 'eulogy'. Nā ki te mahi, ko te tikanga 'ko te kōrero pai mō' rānei 'kōrero i te hiahia me te manakohia e te Atua' mō te tangata.

Koina te whakamārama o te manaakitanga ka whakamahia e au mō tēnei pukapuka. Ko te manaaki ko te kōrero i nga whakaaro, i nga manakohanga rānei a te Atua mō tētahi, mō tētahi ahuatanga rānei.

Ko te Atua, mō te nuinga, i runga i tōna mōhio, kua whakatau ki te whakaiti i tana mahi i runga i te whenua ki nga mea ka taea e ia ma tana iwi. Koia nei tana kawe

kingdom to earth. Accordingly, He wants us to bless on His behalf. So, as a Christian, I can speak God's intentions or favour over someone or some situation in the name of Jesus. If I do that with faith and love, then I have the power of heaven behind what I say, and I can expect that God will move to change things from where they are, to where He wants them to be. When I bless someone intentionally, with love and faith, I enable God to activate His plans for that person.

On the other hand, someone may purposefully, or usually inadvertently, speak the intentions of Satan over someone, or even themselves, which then enables demonic forces to activate their plans for that person – that is, to steal, kill and destroy. But praise God,

> *He who is in you is greater than he who is in the world (1 John 4:4).*

It is the very heart of God to bless – indeed His very nature! God's desire to bless is shockingly extravagant. Nothing can stop Him. He is determined to

mai i tona rangatiratanga ki te whenua. No reira, e hiahia ana ia kia manaaki tātou i a ia. Nā, hei Karaitiana, ka taea e au te kōrero i nga whakaaro o te Atua, kia manako rānei ki tētahi atu, ki ētahi ahuatanga rānei i runga i te ingoa o Ihu. Mēna ka mahia e au ma te whakapono me te aroha, kei kona te mana o te rangi kei tua atu o aku kōrero, a ka taea e au te tumanako ka neke te Atua ki te whakarereke i nga mea mai i whea, ki whea e hiahia ana ia. Ka manaaki ana ahau i tētahi, ma te aroha me te whakapono, ka taea e au te Atua ki te whakahohe i ana mahere mō taua tangata.

Engari, mā te mahi pōhēhē, mā te kore pōhēhē rānei, e kōrero ngā whakaaro a Hatana mō tētahi, arā ake rānei, nā reira ka taea e ngā rewera te whakahohe i a rātou mahere mō taua tangata – arā, te tahae, te patu me te whakangaro. Whakamoemititia ia,

Ko te tangata i roto i a koe nui atu i te tangata i te ao (1 Hoani 4:4).

Ko te ngākau tonu o te Atua ki te manaaki – tino tōna ahua! Ko te hiahia o te Atua ki te manaaki he tino nui. Kaore tētahi mea e ahei te ārai ia. Kei te kaha a H ki te

bless humankind. His longing is that Jesus will have many brothers and sisters. That's us! Yet, while it is the very heart of God to bless humankind, He desires even more that His people will bless one another.

When we bless in Jesus' name, the Holy Spirit comes because we are reflecting something that the Father is doing – we are speaking the words that the Father desires to be said. I am constantly amazed at how true this is. When I bless someone, the Holy Spirit is involved – He touches the other person, love is released and things change. Often people hug me afterwards, or they weep and say, 'You don't know how timely and powerful that was', or 'You don't know how much I needed that'.

But here is something very important to note: we bless from a place of intimacy with God, from His presence. Our spiritual proximity with God is all-important. Our words are His words and they are anointed with His power to accomplish His intentions for that person or situation. But let's back up a bit…

manaaki i nga tāngata. Ko tana wawata kia maha nga taina me ngā tuina o Ihu. Ko mātou tena! Ahakoa, ko te ngakau tonu o te Atua ki te manaaki i nga tāngata, ko tāna i hiahia ai nui atu i tana iwi e manaaki i tētahi atu.

Ka whakapai ana tātou i runga i te ingoa o Ihu, ka tae mai te Wairua Tapu na te mea e whakaata mai ana tātou i ta te Matua e mahi nei – kei te kōrero tātou i nga kupu e hiahia ana te Matua kia kīa. Kei te miharo tonu ahau ki te pono o tēnei. Ka manaaki au i tētahi, ka uru mai te Wairua Tapu – Ka pa atu ia ki tētahi atu, ka tukuna te aroha ka rereke nga mea. He maha nga tau ka awhi mai nga tangata i muri mai, ka tangi rānei ka kī mai rātou, 'Kaore koe e mōhio ki te wā me te kaha o tera wā', ki te 'Kaore koe e mōhio ki taku hiahia nui'.

Engari koinei tētahi mea nui kia maarama; he manaakitanga ta tātou mai i tētahi wāhi taapiri atu ki te Atua, mai i tona aroaro Ko to tātou taha wairua ki te Atua te mea nui Ko a mātou kupu Ana kupu ana ka whakawahia ki Tana mana ki te whakatutuki i ana hiahia mō taua tangata ahuatanga rānei. Engari kia hoki ake tātou…

OUR SPIRITUAL AUTHORITY

In the Old Testament, the priests were to intercede for the people and to pronounce blessings over them.

> *This is the way you shall bless the children of Israel. Say to them:*
>
> *The Lord bless you and keep you;*
> *The Lord make His face to shine upon you,*
> *and be gracious to you.*
> *The Lord lift up His countenance upon you,*
> *and give you peace.*
>
> *So shall they put My name upon the children of Israel, and I will bless them. (Numbers 6:23-27)*

In the New Testament, we as Christians are called:

TO TĀTOU MANA WAIRUA

I roto i te Kawenata Tawhito, ma nga tohunga te takawaenga mō te puna kaukau me te manaaki i a rātou.

> *Ko tēnei tau e manaaki ai ki a Iharaira.*
> *Mea atu ki a rātou:*
>
> *Ma te Ariki koe e manaaki, e tiaki:*
> *Ma Ihowa e mea kia tiaho tona mata ki a koe,*
> *mana ano hoki koe e atawhai:*
> *Ma te Ariki e anga atu tona mata ki runga ki a*
> *koe, ka hoatu e ia te rangimarie ki a koe.*
>
> *A ka karangatia e rātou tōku ingoa ki runga*
> *ki nga tama a Iharaira, a ka manaaki ahau i a*
> *rātou. (Tauanga 6:23-27)*

I roto i te Kawenata Hou, ka karangahia tātou ko ngā Karaitiana:

> *a chosen generation, a royal priesthood, a holy nation, His own special people, that you may proclaim the praises of Him who called you out of darkness into His marvellous light. (1 Peter 2:9)*

And Jesus

> *…has made us kings and priests to His God and Father… (Revelation 1:6)*

Some time ago, I was sitting on Ouen Toro, a lookout point in Noumea, seeking a message to bring to a prayer group. I sensed God say, 'You don't know who you are.' Then some months later: 'If you only knew the authority you have in Christ Jesus you would change the world.' Both of these messages were for particular groups of people but, I realised later, they were for me too.

I think it is generally known in Christian circles that speaking directly to a disease or condition (a 'mountain' – Mark 11:23) and commanding a healing is

he whakatupuranga i whiriwhiria, he tohungatanga rangatiratanga, he iwi tapu, he iwi motuhake ake, hei kauwhau i ngā whakamoemiti ki a ia i karanga rā i a koe i roto i te pouri ki tōna marama whakamiharo. (1 Pita 2:9)

A Ihu

Kua whakatauhia tātou hei kīngi, hei tohunga hoki ki ōona Atua, ki tōna Matua… (Whakakitenga 1:6)

I mua ake nei, i te noho ahau i runga i a Ouen Toro, he wāhi tirotiro i Noumea, i te rapu karere kia kawea mai ki tētahi rōpu karakia. I kite ahau i te Atua e kī ana, 'Kāore koe e mōhio ana ko wai koe' Nā ētahi pepeke i muri mai: 'Mēna i mōhio koe ki tō mana kei a koe i roto i a Karaiti Ihu ka huri koe i te ao.' Ko ēnei kōrero e rua mō ngā rōpu tūturu engari, i taku mārama i muri mai, mōku anō hoki.

Ki taku whakaaro e mōhiotia whānuitia ana i roto i ngā hunga Karaitiana ko te kōrero tika ki tētahi mate he āhuatanga (he 'maunga' – Māka 11:23) me

more effective than asking God to do it (Matthew 10:8; Mark 16:17-18). This has certainly been my experience and the experience of many other well-known and respected people active and successful in the healing and deliverance ministry. I believe that Jesus says in effect, '*You* heal the sick (in my name). It's not *My* job, it's *your* job. *You do it.*'

God wants to heal and He wants to do it through us. God wants to deliver and He wants to do it through us. God wants to bless and He wants to do it through us. We can ask *God* to bless, or *we* can bless in Jesus' name.

Some years ago, I remember taking the time to go early to work to bless my business. I started with, 'God, bless Colmar Brunton.' It felt flat. Then I changed – a little timidly at first – from 'God bless Colmar Brunton' to:

te whakahau he whakaora kia kaha ake i te tono atu ki te Atua kia mahia (Matiu 10:8; Māka 16:17-18). Koinei tonu taku wheako me ngā wheako o ētahi atu tāngata rongonui me te hunga whakaute e kaha ana i te mahi whakaora. Whakapono ana ahau ki te kōrero a Jesus. 'Ka whakaorangia e koe te sic (i runga i toku ingoa). Ehara i taku Mahi, nāu tēnā mahi. Ka mahia e koe.'

Kei te hiahia te Atua ki te whakaora me te hiahia ia mā tātou ake e mahi. Kei te hiahia te Atua ki te whakaora me te hiahia ia mā tātou ake e mahi. Te Atua e hiahia ana ki te manaaki me te hiahia ia ki te mahi i roto i a tātou. Ka taea e tātou te tono ki te Atua kia manaaki, kia manaaki rānei tātou i runga i te ingoa o Ihu.

I ētahi tau kua hipa, kei te maumahara ahau ki te whai wāhi ki te haere wawe ki te mahi ki te manaaki i taku pakihi. I tīmata ahau me te, 'E te Atua, manaakitia a Colmar Brunton.' I te papatahi. Nā ka huri au – paku iti nei i te tīmatanga – mai i te 'Manaakitia e te Atua a Colmar Brunton' ki:

*Colmar Brunton, I bless you in the name of
the Father, the Son and the Holy Spirit.
I bless you in Auckland, and I bless you in
Wellington, and I bless you in the regions.
I bless you at work and I bless you at home.
I release the Kingdom of God in this place.
Come Holy Spirit, You are welcome here.
I release love and joy and peace and patience
and kindness and goodness and gentleness
and faithfulness and self-control and unity.
In the name of Jesus, I release ideas from
the Kingdom of God that would help our clients
succeed and make the world a better place.
I release favour in the client marketplace.
I release favour in the employment marketplace.
I bless our vision: 'Better Business, Better World'.
In Jesus' name, amen.*

As I felt led, I would make a sign of the cross at our entrance and spiritually apply the protection of the blood of Jesus over our business.

Colmar Brunton, ka manaakitia koe e ahau i runga i te ingoa o te Atua, te Tama me te Wairua-Tapu. Ka manaakitia koe ki Akarana ka manaakitia koe ki Poneke, ka manaakitia koe ki ngā rohe katoa. Ka manaakitia koe e ahau i te mahi ka manaaki au i a koe i te kāinga ka tukuna e au te rangatiratanga o te Atua i tēnei wahi. I Haere Mai-Wairua Tapu. Nau mai haere mai rā. Ka tukuna e au te aroha me te koa me te rangimarie me te manawanui me te ngawari me te ngawari me te pono me te whakahaere me te kotahitanga. Nā te ingoa o Ihu, ka tukuna e au ngā whakaaro mai i te Basileia o te Atua hei āwhina i o tātou kaihoko kia angitu, kia pai ake ai te ao. Ka tukuna taku manako ki te mākete kaihoko, Ka manaakitia e au te Manuhiri Pai, Te Ao Pai; i runga i te ingoa o Ihu amene.

I rite au, i mōhio kua arahina ahau, ka hanga e ahau he tohu i te ripeka i tō mātou tomokanga me te whakamahi i te wairua ki te tiaki i ngā toto o Ihu mō tā mātou mahi.

From the moment I changed from 'God bless Colmar Brunton' to 'I bless Colmar Brunton in the name of the Father, the Son and the Holy Spirit', the anointing of God fell on me – I was feeling God's pleasure and affirmation. It was like He was saying, 'You've got it, son; that's what I want you to do.' Though I must have done this now hundreds of times, I've always felt God's pleasure in it. And the results? The atmosphere in the office changed, and changed rapidly, to the point where people would openly talk about it, and wonder why things were so different. It really was amazing! Blessing really can change our world.

But I didn't stop there. In the morning, while the office was still empty, when I came to the chair of someone who needed wisdom for a particular situation, I would bless them, laying hands on the chair, believing that an anointing to accomplish the blessing would pass into the fabric of the chair and so onto the person sitting on it (Acts 19:12). Whenever I was aware of specific needs people faced, I would bless in that manner.

I particularly remember a person who habitually

Mai i te wā i huri ahau mai i te 'Manaakitia e te Atua a Colmar Brunton' ki 'te manaaki ahau i a Colmar Brunton i runga i te ingoa o te pāpā, o te Tama me te Wairua Tapu', nā te Atua o te Atua i tau mai ki runga i ahau. He pēnei te kōrero ana. 'Kei a koe, e tama, koina te mea e hiahia ana ahau ki a koe.' Ahakoa akene i mahia e ahau i tēnei wā i roto i nga rau o nga wā, ite tonu ahau i pai ai te Atua i roto. Me nga hua? I rereke te ahua o te tari, a ka tere te huri, tae noa ki te wā e kōrero whanui te iwi mō taua mea, me te whakaaro he aha i rereke ai nga āhuatanga, he tino mīharo! Mā te huihuinga manaaki ka huri o tātou ao.

Engari kāore au i tū i reira, i te ata, ka tae atu ki te tūru o te tangata e hiahia mōhio ana mō tētahi ahuatanga ake, ka manaaki ahau i a rātou, ka toro atu ngā ringaringa ki runga i te tūru, me te whakapono ko te whakawāhi kia tutuki ngā manaakitanga ka uru ki te papanga o te tūru, me te mea hoki ki te tangata e noho ana i runga (Ngā Mahi 19:12) i ngā wā katoa e kitea ana e ahau he ohanga motuhake e anga mai ana te tangata, ka manaakitia e au.

Ka maumahara tonu ahau ki te tangata e kohukohu

blasphemed – that is, he used God's name as an expletive. One morning I laid hands on his chair, binding the spirit of blasphemy, in Jesus' name. It took several goes, but eventually the evil spirit behind it had to bow the knee to a greater power and blasphemy disappeared from the man's workplace vocabulary.

I also remember a man coming to me for prayer, wanting God to take him out of his place of work because everyone there was blaspheming. I took a contrary view: this man was there to bless his workplace and change the atmosphere! We can change our world.

I have formed the view that while God desires to bless humankind, even more He desires for us – His people, His kids – to bless humankind. You have spiritual authority. *You bless!*

Our heavenly Father wants us to *participate*, to *co-labour*, with Him in His redemptive work. We can bless humankind with healing and deliverance but

ana – arā, i whakamahia e ia te ingoa o te Atua hei kaikōrero. I tētahi ata ka whakatakotoria e au ki runga i tōna nohoanga, ka herea te wairua kohukohu, i runga i te ingoa o Ihu. He maha ngā haerenga, engari i te mutunga, ko te wairua kino kei muri i a ia ka piko te turi ki te mana nui ake ana ka ngaro te kohukohu mai i nga kupu mahi a te tangata.

Kei te maumahara anō ahau ki tētahi tangata e haere mai ana mō te utu, e hiahia ana te Atua kia tangohia atu ia i tana wāhi mahi nā te mea e kohukohu ana te katoa o reira. He rerekē taku tirohanga; me manaaki tēnei tangata i tana wāhi mahi me te huri i te haurangi! Ka taea e tātou te whakarerekē i tō ao.

Kua oti i ahau te whakaaro ahakoa e hiahia ana te Atua ki te manaaki i nga tāngata, nui atu, e hiahia ana ia mō tātou – tōna iwi, ana tamariki – kia manaakitia te tangata. Kei a koe te mana wairua. Manaakitia e koe.

E hiahia ana tō tātou Matua i te rangi kia kuhu mai tātou ki te mahi tahi ki a ia. Ka taea e mātou te manaaki i ngā tangata katoa me te whakaora i nga

we can also bless humankind with our words. We are the people God uses to bless the world. What a privilege and responsibility!

So, for me, blessing is speaking God's purposes over people's lives or situations with love, eyes open, intentionally, with authority and power, out of our Holy-Spirit-filled spirit. Simply put, blessing is acting in faith by declaring God's intention for the person or situation. When we declare God's intention, we release His ability to change things from where they are to where He wants them to be.

And remember – we are blessed because we bless.

tāngata mā a tātou kupu. Ko mātou te hunga e whai ana i te Atua hei manaaki i roto i te ao. He aha te hōnore me te kawenga.

No reira, mōku ake, ko te manaaki ko te kōrero i nga whāinga a te Atua mō ngā oranga o te tāngata me ngā āhuatanga rānei me te aroha ae tuwhera, pono, me te mana, nā tō tātou Wairua Tapu. Mā te ngawari noa, ko te manaakitanga e mahi ana i runga i te whakapono mā te whakaatu i tā te Atua whakaaro mō te tangata, mō tōna āhuatanga rānei. Ka whakaatu tātou i tā te Atua whakaaro, ka tukuna e tātou tana āhei ki te whakarerekē i ngā mea mai i hea rā ki hea e hiahia ana ia.

A kia mahara – kua manaakitia tātou nā te mea ka tuku karakia tātou.

PART TWO:
How to Do It

WĀHANGA TUARUA:
Me pēhea te mahi

SOME IMPORTANT PRINCIPLES

Make a Clean Mouth a Lifestyle

> *And so blessing and cursing come pouring out of the same mouth. Surely my brothers and sisters this is not right! (James 3:10, NLB)*
>
> *If you utter what is precious and not what is worthless, you shall be as my mouth. (Jeremiah 15:19b, RSV)*

If you want to speak God's intentions over people, then you need to avoid speaking words that are worthless – or worse than worthless.

Ask the Holy Spirit What to Say
Stir up your spirit (through worship or speaking in

KO ĒTAHI MĀTĀPONO NUI

Hangaia he māngai mā hei wāhi noho mōu

Nā ko te manaaki me te kanga ka puta mai i te māngai kotahi. Ko te mea pono kāore tēnei i te tika (Hēmi 3:10, NLB)

Ki te puaki i a koe te mea utu nui, ehara i te mea koretake, ka rite koe ki tōku māngai (Heremaia 15:19b, RSV)

Mēnā kei te hiahia koe ki te kōrero i ngā whakaaro o te Atua mō ngā tāngata, me karo kē koe ki te kōrero i te kupu, he kore noa iho – he kino ake rānei i te koretake.

Pātai ki te wairua tapu he aha te kōrero

Whakaarahia tō wairua (nā roto i te karakia, te kōrero

tongues). Ask the Holy Spirit to let you sense the Father's love for the person you want to bless. Pray something like this:

> *Father, what do you desire to be said? Please give me a word of blessing for this person. How can I encourage or comfort him or her?*

Blessing as Distinct from Intercession

Most people find that it is quite difficult to learn to speak out blessings. Invariably they start to 'intercede', asking the Father to bless. Although this is a good thing to do, a blessing spoken in this way is actually a prayer, and it is important to know the difference. Speaking or pronouncing blessings does not replace prayer and intercession, but is a companion to them – they should be regularly found together.

The authors Roy Godwin and Dave Roberts in their book *The Grace Outpouring* put this very well:

> *When we bless, we look the person in the eye (if*

rānei i ngā reo rerekē). Uia te Wairua Tapu kia mōhio koe ki te aroha o te Matua ki te tangata e hiahia ana koe ki te manaaki. Inoi mō tētahi mea pēnei:

E Pā, he aha tāu e hiahia ana kia kīa? Tēnā koa Homai he kupu manaaki mō tēnei tangata, Me pēhea taku whakakaha, whakamarie rānei i a ia?

Te manaaki ko te wehe ke i te intercession

Ka uaua ki te ako ki te whakaputa i nga manaakitanga mō te nuinga o ngā tāngata. Ka rite tonu te tīmata ki te tohe, me te īnoi ki te Matua kia manaakitia. Ahakoa he mea pai tēnei, ko te manaaki i kōrerotia i tēnei ara he īnoi tonu, a he mea nui kia mōhio ki te rerekētanga. Ko te whaikōrero me te whakaputa i ngā nama kāore e whakakapi i te karakia me te karanga, engari he hoa ki a rātou-me hui tahi rātou.

Ko ngā kaituhi a Roy Godwin me Dave Roberts i roto i tā rātou pukapuka *The Grace Outpouring* he tino pai tēnei:

Ka manaaki ana tātou, ka titiro tātou ki te kanohi

that is the situation) and speak directly to him or her. For instance, we may say something like, 'I bless you in the name of the Lord, that the grace of the Lord Jesus might rest upon you. I bless you in His name that the Father's love might surround you and fill you; that you may know in your deepest being just how fully and completely He accepts you and rejoices over you.'

Notice the personal pronoun 'I'. It is I who is pronouncing blessing in the name of Jesus over the person directly. I have not prayed to God for a blessing but have spoken a blessing using the authority Jesus gives us to pronounce blessing on the people so that He may come and bless them.

Don't Judge

Don't judge whether someone deserves a blessing or not. True blessing, spoken over someone or something, describes the way God sees them. God's focus

o te tangata (koina te āhuatanga) ka kōrero tika ki a ia. Hei tauira, ka kī pea tātou penei 'Ka manaakitia koe e ahau i runga i te ingoa o te Ariki, kia tau ki runga i a koe te aroha noa o te Ariki, o Ihu Karaiti, ka manaaki ahau i a koe i runga i tōna ingoa kia karapotia koe e te aroha o te Matua, kia whakakīa ai koe, kia kia mōhio koe i roto i to wairua hōhonu te tino whānui o tana manako ki a koe me tana koa ki a koe.'

Kia mahara ki te ingoa o te tangata ake, Mēnā ko au te mea e kī tika ana i te ingoa o Ihu mō te tangata, kāore au i īnoi ki te Atua mō tētahi manaakitanga engari kua kōrero au i tētahi manaakitanga mā te mana i homai e Ihu ki a tātou ki te whakahua i te manaakitanga ki runga. Kia haere mai ia ki te manaaki i a rātou.

Kaua e whakawā

Kaua e whakawā mēnā he tika te manaaki mō tētahi, kāore rānei. Ko te manaakitanga pono e kōrerotia ana mō tētahi atu, mō tētahi mea rānei e whakaahua ana i te āhua o te Atua e kite ana ia rātou. Ko te aro a te

is not on how they may appear to be at the moment, but rather the way they are supposed to be.

For example, God called Gideon a *'mighty man of valour'* (Judges 6:12) when, at the time, he was anything but! Jesus called Peter a *'rock'* (Matthew 16:18) before he had the 'shoulders' to carry other people's dependence upon him. Further, we read, *'God … gives life to the dead, and calls those things which do not exist as though they did'* (Romans 4:17). If we understand this, it will eliminate our tendency to act as 'judge' on whether someone deserves a blessing.

The less people *deserve* blessing, the more they need it. People who bless non-deserving people receive the greatest blessing in return.

An Example to Illustrate
Imagine there is a man named Fred who has a problem with drinking. Fred's wife is not happy with him, so perhaps she'll pray something like: *'God bless Fred. Make him give up drinking and listen to me.'* But it would be far more powerful to say something like:

Atua ehara ki te āhua o ēnei wā i tēnei wā engari ko te āhua e kīa ana mo rātou.

Hei tauira, i kīa e te Atua a Kiriona he 'tangata mārohirohi' (Kaiwhakariterite 6:12) i te wā i tino wā anō ia! Ka huaina e Ihu a Pita he 'toka' (Matiu 16:18) i mua i a ia ngā pokohiwi 'hei kawe i ētahi atu iwi ki taku whakawhirinaki. Anō hoki, ka pānui tātou, 'Te Atua … homai te ora ki te pāpā, ka karanga i ngā mea kāore i te āhua pēnei' (Rōma 4:17). Ki te mōhio tātou ki tēnei, ka kore e tau te noho whakawa mēnā he tika te manaaki mō tētahi.

Ngā wā kāore tika te mahi, koina ngā wā me whai manaakitanga te tangata rā. Ngā tangata ka manaakitia i ērā kua tukino, koia rātou ka whai hua i te mutunga.

Hei tauira

Whakaarohia he tangata, ko Fred tōna ingoa, ā, he kaha nōna ki te inu waipiro. Ka pukuriri katoa tōna hoa wahine, kātahi ka īnoi: 'Manaakitia a Fred. Āwhina i a ia kia mutu te inu waipiro kia whakarongo mai ki a au.' Engari ka nui ake te mana mēnā ka pēnei:

> *Fred, I bless you in Jesus' name. May God's plans for your life come to pass. May you become the man, the husband and father that God purposed for you to be. I bless you with freedom from addiction. I bless you with the peace of Christ.*

The first blessing delegates the problem to God. It takes no effort – it's lazy. It's also judgemental and self-righteous, and focuses on Fred's sins.

The second blessing requires more thought and more love. It's not judgemental and it focuses on Fred's potential rather than his present state. Recently I heard someone say that Satan knows our name and potential but calls us by our sin, while God knows our sin but calls us by our real name and potential. The second blessing is more in keeping with God's plans and purposes. It reflects the redemptive heart of God. Remember, God loves Fred.

Fred, ka manaakitia e au i a koe i runga i te ingoa o Ihu. Mā ngā whakrite o te Atua e tau mai. Kia tū koe he tangata, hei hoa tāne, ā, hei matua i whakakite ai e te Atua. Ka whakawātea i a koe mai ēnei mea kino. Ka tuku i ngā manaakitanga me te āio o Karaiti.

Ko te manaakitanga tuatahi ka tohaina te raru ki te Atua. He māmā noa – he mangere. He mea whakawā, he mea whakahīhī, ā, ka aromia ngā hē o Fred.

Ko te manaakitanga tuarua me nui ake te whakaaro me te aroha. Ehara i te whakawā, engari ka aro atu ki te kaha o Fred kaua ki tana āhuatanga o naianei. I maoro kua rongo ahau i tētahi e kī ana kei te mōhio a Hatana ki to tātou ingoa me tō tātou engari kei te karanga mai ia mā o tātou hara, i te mea e mōhio ana te Atua ki o tātou hara engari ka karanga ia i ō tātou ingoa tūturu me o tātou kaha ko te manaakitanga tuarua ko te hono ki ngā māhere me ngā kaupapa a te Atua. He whakaatū i te manawa whakaora a te Atua. Kia maumahara, e aroha ana te Atua ki a Fred.

DIFFERENT SITUATIONS WE MAY FACE

I am a student of blessing. When I started, I didn't know how to bless and I didn't find much to help me. I quite quickly began to realise that there are many different kinds of situations, so I want to offer you the suggestions that follow. You can adapt these to the needs of your particular situation, and according to what you believe the Holy Spirit wants you to say. This will take practice, but it's worth it.

Blessing Those Who Revile or Curse You
Many years ago, an employee who had recently resigned came round to my house for a coffee and to say goodbye. Her beliefs were along New Age lines – the 'goddess within', and the like. During the conversation, she said that the last two companies she had worked for, and left, had subsequently gone

NGĀ ĀHUATANGA REREKĒ KA PĀ ATU KI Ā TĀTOU

He akonga manaaki au. I taku tīmatanga, kāore au i mōhio me pēhea te manaaki, kāore au i paku āwhina hei āwhina i ahau. I tīmata tonu ahau ki te mōhio he maha ngā momo āhuatanga, nō reira ka hiahia ahau ki te tuku whakaaro ki muri. Ka taea e koe te whakarerekē i ēnei ki ngā hiahia o tō āhuatanga ake, anā, ki tāu e whakapono ana e hiahia ana te Wairua Tapu ki a koe. He uaua tēnei, engari he pai.

**Te manaaki i te hunga e kohukohu ana,
e kanga rānei ia koe**
I ngā tau kua hipa, ko tētahi kaimahi nāna nei i hainatia i haere mai ki tōku whare mō tētahi kawhe me te poroporoaki. Ko āna whakapono i haere ki ngā raina o te Tau Hou- te atua atua o roto; me ngā pēnei. I a ia e kōrerorero ana, i kī ia ko ngā kamupene e rua i mahi ai ia, anā, ka wehe, kua pakaru. Kāre au i he Karaitiana

broke. I hadn't been a Christian very long at that time, but even so I recognised her words were a curse looking to alight. I felt a few seconds of fear and then, in my mind, I refused to accept it. But I didn't go the extra step of blessing her. After asking her permission to pray what was on my heart, I could have said something like:

> *Deborah (not her real name), I bind the influence of witchcraft in your life. I bless you in Jesus' name. I declare the goodness of God over you. May God's intentions for your life come to pass … I bless your gifts, may they bless your future employer and bring glory to God. May you become the wonderful woman of God that He intends you to be. In Jesus' name, amen.*

Blessing Those Who Hurt or Reject You

I once prayed for a woman who was struggling emotionally and financially after her husband had left

i tērā wā, engari ahakoa rā, i mōhio au ki āna kupu he kanga tā mātou ki te heke. I kite ahau i ētahi hēkona o te wehi, i roto i taku hinengaro, kāore au i pai ki te whakaae. Engari kāore au i kaha ki te manaaki i a ia. I muri i tāna tono, i tāna whakaaetanga kia īnoi he aha ngā mea i roto i tōku ngākau. Kāore i taea e au te kōrero pēnei:

> *Deborah (ehara ko tōna tino ingoa). Ka herea e ahau te mana o te makutu i roto i to koiora. Manaaki ahau i a koe i roto i te ingoa o Ihu. Mā te Atua koe e hora ki runga i a koe. Kia manaakitia e te Atua tana hiahia mō tō koiora ... Ka manaakitia e au o koha, kia manaakitia e koe to kaituku mahi a muri ake nei kia whakakororiatia ai te Atua. Kia waiho koe hei wahine whakamīharo a te Atua e hiahia ana kia noho koe. I roto i te ingoa o Ihu Karaiti amene.*

Te manaaki i te hunga e whara, e whakakahore rānei i a koe

I takaro ahau mō tētahi wahine e kaha raru ana i te kare-ā-roto me te pūtea i muri i tōna wehenga mai i

her. I asked her if she could forgive him. Well that was hard but, to her credit, she did it. Then I asked her if she could bless her husband. She was a bit shocked, but willing to give it a go. Even though her husband wasn't present, I led her along the lines of:

> *I bless you my husband. May all of God's plans for your life and our marriage come to fruition. May you become the man, the husband and the father that God intends for you to be. May God's grace and favour be with you. In Jesus' name, amen.*

It was awkward to begin with, but then she caught the Father's heart and God's anointing fell. We both wept as the Holy Spirit ministered to her and, I believe, to her husband as well. God's ways are not our ways.

To bless in these types of situations is so courageous – majestic, even – and Christlike.

Blessing the undeserving is God's heart – His speciality, so to speak. Consider the thief who was crucified

tana tāne. I pātai au ki a ia mēnā ka taea e ia te muru i a ia. Auē, he uaua tērā engari, ki tāna, i oti i a ia. Nā ka tono atu ahau ki a ia ka taea e ia te manaaki i tana tahu. I tino ohorere a ia engari i pai ki te tuku i a ia. Ahakoa kāore tana tane, i arahi ahau i a ia i ngā raina o:

> *Te manaaki nei au ia koe, e taku tahu. Kia hua katoa ngā mahere a te Atua mō tō koiora me tā māua mārenatanga. Kia riro koe i taua tangata, te tāne me te pāpā e hiahia ana te Atua kia noho koe. Kia tau te aroha noa me te atawhai o te Atua ki a koe. I roto i te Ihu ingoa amene.*

He raru ki te tīmata, engari ka mau ki te ngākau o te Matua ka taka te whakawahi a te Atua. I tangihia e māua i te wā e mahi ana te Wairua Tapu ki a ia me te whakapono, ki tana tane me te ara Atua ehara hoki i a tātou.

Ko te manaaki i ēnei momo āhuatanga ko te māia-rangatira, pērā – he Karaitiana.

Ko te manaaki i te hunga o raro ko te taonga o te Atua – Ko tōna tino tohungatanga. Whakaarohia te tahae

alongside Jesus, or the woman caught in adultery. What about you and me?

Blessing is 'unworldly' and counter-intuitive – it's not something that people in hurtful situations feel naturally inclined to do. But it's God's way, and it can heal the one doing the blessing as well as the one receiving the blessing. It cuts off the toxic squirt of bitterness, revenge, resentment and anger, which might otherwise harm your body and shorten your life.

Here is an email I recently received from Denis:

> *About three months ago I was speaking to my brother on the phone. We don't communicate much as he lives and works in another city.*
>
> *As we were about to finish our friendly chat, I asked him if he would allow me to bless the business that he ran with his wife. He didn't respond well. He was very rude and said some things that really upset me, and I wondered if our relationship was permanently damaged. However, in the days and weeks that followed, as I went about*

i ripekatia i te taha o Ihu, te wahine rānei i mau i te puremu. Me pēhea tāua?

Ko te manaaki he 'ao kore' me te whakahē-kore – ehara i te mea he mamae ki ētahi ēnei mahi. Engari ko te ara a te Atua, ā, ka taea e ia te whakaora i te tangata e manaaki ana me te tangata anō hoki e whakawhiwhia ana i te manaakitanga. Ka aukatia te kino o te kawa, te riri, tērā pea ka whara tō tinana ka whakapoto i tō koiora.

Anei tētahi īmera i tae mai mai i a Denis:

> *Tata ki te toru marama ki muri ka kōrero au ki taku taina i runga i te waea. E kore māua e kōrero nui i a ia e ora ana ka mahi i tētahi atu taone.*
>
> *I a māua e mutu ana ta mātou kōrerorero pai, ka tono atu ahau ki a ia kia whakaae ia ki te manaaki i te pakihi i whakahaerehia e ia me tana wahine. Kāre i pai tana whakautu. he tino kino ia, ōna kōrero ētahi kōrero i tino pouri ahau, ana ka whakaaro au mena kua pakaru to tātou hononga. Heoi, i roto i ngā rā me ngā wiki e whai*

my daily life, I used the principles of the awesome power of blessing to speak God's favour on my brother's business. Sometimes I did this two to three times a day. Then, three months later, the day before Christmas, my brother rang me as if nothing had happened. I was quite amazed at his very friendly attitude and there was no resentment between us at all.

The awesome power of blessing of circumstances outside our control really works… Praise the Lord!

Blessing Those Who Have Provoked You
One of the most infuriating things for some of us is when people do selfish, inconsiderate or downright cheating things in traffic. It happens all the time. Unchristian words can spring to mind and come out of our mouths in a flash. When this happens, we are cursing someone who was made by God and whom God loves. God may very well defend that person.

ake nei, i a au e haere ana mō taku koiora i ia rā, i whakamahia e au ngā kaupapa o te mana nui o te manaakitanga ki te kōrero i te manakohia e te Atua mō ngā pakihi a ōku tuakana. I ētahi wā ka mahia tēnei e au e rua ki te toru wā i te rā. Ā, e toru marama i muri mai i te rā i mua i te Kirihimete, ka tangi mai tōku tuakana ki ahau me te mea kāore i tupu. I tino mīharo ahau ki tōna āhua tino hoa, ā, kāore rawa he riri i waenga i a māua.

Ko te mana o te manaakitanga o ngā āhuatanga i waho atu o tātou mana whakahaere he tino mahi… Whakamoemititia a Ihowa!

Te manaakitanga i te hunga naana koe i hoha
Ko tētahi mea tino pukuriri ki etahi o tātou ka mahi miimii te tangata, ka kore e aro, ka tinihangatia rānei i nga huarahi. Ka puta i nga wa katoa. Ka puta ake pea nga kupu Karekeriano ki te hinengaro ka puta ake i o tātou pepeke i te rū. Ka pa ana tēnei, kei te kanga tātou i tētahi i hanga e te Atua, e arohaina ana e te Atua, a ma te Atua e kaha ki te tiaki i aua tāngata.

Next time this happens, try blessing the other motorist, instead of speaking angry words:

I bless that young man who cut in on me (cheated on the queue). I declare Your love over him, Lord. I release Your goodness over him and all Your intentions for his life. I bless this young man and I call forth his potential. May he get safely home and be a blessing to his family. In Jesus' name, amen.

Or less formally:

Father, I bless the driver of that car, in Jesus' name. May your love pursue him and overtake him and arrest him!

One of my readers made an interesting observation:

The thing that I have noticed is that blessing has changed me. I can't bless people that have

Ā muri ake ka puta tēnei, whakamātauhia te manaaki i tētahi atu motuka, kaua ki te kōrero riri:

> *Ka manaakitia e ahau taua tamaiti nāna nei i tapahi (kua tinihangatia te rārangi) E whakaatu ana ahau i to aroha ki a ia, e te Ariki, ka tukuna e ahau tāu pai ki runga i a ia me o whakaaro katoa mō tōna koiora. Ka manaakitia e ahau tēnei teina, ka karanga ahau kia ora ia. Ka manaakitia e ahau tēnei taina, ka karanga atu au kia taea e ia. Kia pai taku hoki ki te kāinga me te manaaki i tōna whānau, i runga i te ingoa o Ihu amene.*

He iti ake rānei te tikanga:

> *E Pā, ka manaakitia e ahau te kaiarahi o tērā motuka, i runga i te ingoa o Ihu, kia whāia tō aroha, kia mau, kia mau!*

Ko tētahi o aku kaipānui i mahi i tētahi kitenga kino:

> *Ko te mea kua kite ahau ko te manaaki kua huri i ahau. Kaore e taea e au te manaaki i te hunga i*

irritated me, for example, and then speak – or even think – wrong thoughts about them. That would be wrong. Instead I am looking for good results to come from the blessing… – Jillian

I once had a friend named John who invited me to pray over a family dispute concerning an inheritance. The dispute was dragging on and getting increasingly unpleasant. I suggested that instead of praying, we bless the situation.

We bless this situation of dispute over this inheritance in Jesus' name. We come against division, contention and strife and we loose justice and fairness and reconciliation. As we bless this situation, we put aside our own thoughts and desires and we release God to activate His purposes for the division of the inheritance. In Jesus' name, amen.

Within a couple of days the matter was amicably resolved.

whakatakariri mai i ahau, hei tauira, ka kōrero – ka whakaaro rānei – he nga whakaaro mo rātou. Ka he tena. Engari, kei te rapu ahau i nga hua pai mai i te manaakitanga… – Jillian

I ahau i tētahi wā ko tētahi hoa ko John te ingoa i tono mai ki ahau kia inoi mo tētahi tautohe a te whānau mō tētahi taonga tuku iho. Ko te tautohetohe kei te haere tonu ka kino haere. I ki atu ahau kaua ko ngā īnoi tātou ki te manaaki i tēnei āhuatanga.

Ka manaakitia e mātou tēnei āhuatanga o te tautohetohe mō te kainga tupu i runga i te ingoa o Ihu. I whakaekea e tātou te wehewehe, te totohe me te totohe, ka ngaro tā tātou tika me te tika me te houhanga rongo. I a tātou e manaaki ana i tēnei ahuatanga, ka waiho e mātou o mātou ake whakaaro me o tātou hiahia ka tukuna e tātou te Atua ki te whakahohe. Ko ana kaupapa mo te wehewehe i nga taonga tuku iho. Na roto i te ingoa o Ihu, amene.

I roto i ngā rā e rua, ka pai te whakatau.

I love what another of my readers had to say:

> *I have been taken aback by the fast 'response time' that I have seen in blessing others. It's as if the Lord is ready to lunge out in love towards people if we will but release the prayers of blessing on them. – Pastor Darin Olson, Junction City, Oregon Nazarene Church*

Blessing really can change our world.

He pai ki ahau ta tētahi o aku kaipānui kōrero:

Kua ohorere au i te 'wā whakautu' tere i kite ai au i te manaaki i ētahi atu. Te āhua nei kei te rite te Ariki ki te whakaputa aroha ki ngā tāngata mena ka tukuna e tātou ngā manaaki manaaki ki runga i a rātou. – Pastor Darin Olson, Junction City, te wharekarakiha o Orgon Nazarene

Ka taea e ngā manaakitanga ki te tīni i te ao.

BLESSING, INSTEAD OF CURSING, OURSELVES

Recognising and Breaking Curses
How common are these thoughts: 'I'm ugly, I'm dumb, I'm clumsy, I'm slow-witted, no one likes me, God could never use me, I'm a sinner…'? There are so many lies that Satan causes us to believe.

I have a friend who does this all the time, and it saddens me. 'Oh, you silly girl, Rose (not her real name). You've messed up again. You can't do anything right…'

Don't repeat or accept these curses! Instead, bless yourself.

I remember a particular prayer group situation. I discerned a spirit of worthlessness over a lady who had come to be prayed for. In the course of praying, she

TE MANAAKI, KAUA KI TE KANGA I A TĀTOU AKE

Te mōhio me te aukati i ngā kanga

He pēhea noa ēnei whakaaro: 'He kino ahau, he wahangū ahau, he kuare, he puhoi ki te whakaaro, kāore tētahi e pai ki ahau, kaore e taea e te Atua te whakamahi i ahau, he tangata hara ahau…'? He maha ngā teka e Hatana ai tātou ki te whakapono.

He hoa tāku kei te mahi i tēnei i ngā wā katoa, ā, ka pouri ahau. 'Auē, e te kotiro wairangi, Ros (ehara i te ingoa tuturu). Kua raru anō koe. Kāore e taea e koe te mahi i tētahi mea tika…'

Kaua e whakahua, kaua hoki e whakaae ki tēnei kanga! Engari, manaakitia koe.

Kei te maumahara au ki tētahi āhuatanga roopu īnoi. I kite ahau i te wairua koretake ki runga i tētahi kuia i haere mai nei ki te inoi. I a ia e karakia ana, ka kī ia, 'He

said, 'I'm dumb.' I asked her where she had heard that. She told me her parents had said it over her. How sad … and how common.

I guided her along these lines:

> *In Jesus' name, I forgive my parents. I forgive myself. I break the words my parents and I spoke over me. I have the mind of Christ. I am smart.*

We summarily dismissed the spirits of rejection and worthlessness, and then I blessed her and declared over her that she was God's princess, that she was valuable to Him, that God was going to use her to bless others, to bring emotional healing and hope to others. I blessed her with boldness.

Slowly she absorbed this blessing. She started to shine. The following week she recounted how much good it had done her. We really can change our world.

Anyone can do this. The Bible is full of God's inten-

kuare ahau'. I patai au ki a ia i hea ia i rongo ai i tena. I mea mai ia i pērā ōna mātua. Nā ngā mātua i kōrero mō te hāora. Kia pēhea te pouri … me pēhea noa.

I arahi ahau i a ia i ēnei raina:

> *I runga i te ingoa o Ihu, kei te murua e ahau aku mātua, kei te murua e au aku, ka whati i ahau ngā kupu a ōku mātua i kōrero mōku. Kei a au te hinengaro o te Karaiti. He tangata mōhio au.*

I peia katoahia e mātou ngā wairua o te whakakahore me te koretake, kātahi ka manaaki ahau i a ia ka kī ki runga i a ia ko te kuini wahine ia nā te Atua, he mea nui ki a ia, ka whakamahia ia e te Atua ki te manaaki i ētahi atu ki te kawe mai i ngā whakaoranga kare me ngā tumanako ki ētahi atu. I manaakitia ia e ahau ki te maia.

Ka ata haere ia ki te manaaki i tēnei manaakitanga. I tīmata ia ki te whiti. I te wiki i muri mai ka kīa e ia te pai kua oti i a ia. Ka taea e tātou te huri i to ao.

Ka taea e tēnei te mahi i tēnei. Kikī ana te Paipera i ta

tions for people and we can declare these intentions over them.

I'd like to share another example. I prayed for a lady recently who had stomach pain. As I prayed, the Holy Spirit fell on her and she doubled over as demons left her. All was well for a few days and then the pain returned. 'Why, Lord?' she asked. She sensed the Holy Spirit remind her that some time earlier, while she was at a camp, someone had said to her to make sure she cooked the chicken properly or people would get sick. She replied that she didn't want to be sick over the next few days (the duration of the conference), but after that it wouldn't matter. She had to break the power of those careless words, and then she immediately regained her healing.

Blessing One's Mouth

I bless my mouth to utter what is precious and not what is worthless, and to be as the Lord's mouth. (Based on Jeremiah 15:19)

te Atua hiahia mō ngā tāngata a ka taea e tātou te kī i ēnei kaupapa mō rātou.

He pai ki te whakaputa i tētahi atu tauira. I inoi ahau mo tētahi waahine i tata nei te mamae o te puku. I ahau e inoi ana, ka tau iho te Wairua Tapu ki runga ki a ia, a ka takirua a ia i ngā rewera i wehe atu i a ia. I pai ngā mea katoa mō ētahi rā ka hoki mai te mamae. 'He aha, e te Ariki?' ka patai ia. I kite ia i te Wairua Tapu i te whakamaumahara ki a ia i ētahi wa i mua atu, i a ia i te puni, i kī tētahi ki a ia kia mōhio kua tunua e ia te heihei kei mate ngā tangata. Ka whakahoki ia kāore ia i pai ki te mate i ētahi ra i muri mai (te roanga o te huihuinga, engari i muri i tērā, kāore he aha. I pakaru ia i te mana o aua kupu tupato, katahi ka whakahokia mai anō e ia whakaora.

Te manaakitanga o te ngutu o te kotahi

Ka manaakitia e ahau tōku waha ki te whaka-puta i ngā mea tino nui, kaua ki ngā mea koretake, kia rite ki te Mangai a te Ariki. (Maoti i te Heremaia 15:19)

Many of Jesus' miracles were accomplished just by speaking. For example, *'Go your way; your son lives'* (John 4:50). I want that. That's why I bless my mouth and guard what comes out of it.

My wife and I were once staying at a hotel in Noumea. We could hear a baby crying almost incessantly throughout the night. After a couple of nights of this, my wife went out onto the adjoining deck and asked the mother what was wrong. The woman didn't know but said that the doctor had the baby on its third lot of antibiotics and nothing was working. My wife asked her if I could pray for the baby and she agreed, albeit sceptically. So in my very average French, I prayed for the baby and spoke in faith over the child, that she would 'sleep like a baby'. And she did.

Blessing One's Mind

I frequently say,

> *I bless my mind; I have the mind of Christ. Therefore I think His thoughts. May my mind be*

He maha ngā merekara a Ihu i whakatutukihia mā te kōrero noa. Hei tauira, 'Haere; kei te ora to tama' (Hoani 4:50). Kei te hiahia ahau ki tēnā. Koira au ka manaaki i te waha ka tiaki i ngā mea ka puta.

I noho māua ko taku wahine i te hotera i Noumea. Ka rongo māua i te pēpi e tangi ana tata tonu te pō. I muri e rua ngā pō o tēnei, ka haere taku wahine ki te papa tata ka pātai ki te whaea he aha te mate. Kāore te wahine i mōhio engari i kī ia kei te taote te peepi i te tuatoru o ngā paturopi a āaore he mea e mahi. I patai taku wahine ki a ia mena ka taea e au te inoi mō te pēpi ka whakaae ia, ahakoa he whakaaro. Nā i roto i te reo Wīwī, i īnoi au mō te pēpi me te whakapono ki runga i te tamaiti, 'kia moe pēpi' A peratia ana e ia.

Te manaakitanga i te whakaaro o tētahi
Ka kī ahau,

Ka manaaki ahau i taku hinengaro; Kei a au te hinengaro o te Karaiti. Na reira ka whakaaro au

a holy place where the Holy Spirit is pleased to dwell. May it receive words of knowledge and wisdom and revelation.

From time to time, I struggle with the purity of my thoughts, and I find this helps. I also bless my imagination, that it may be used for good and not for evil. I was having some difficulty with my imagination the other day – it was wandering into all sorts of places I didn't want it to go – and God impressed on me, '*See in your imagination Jesus doing His miracles … then see yourself doing them.*' I have found it much more effective to think about something good (Philippians 4:8) rather than thinking about not thinking about something! And blessing your own mind and imagination helps greatly in achieving the goal of holiness.

Once when I was feeling down about a failure in my thought-life, the words of an old hymn bubbled up in my heart:

Be thou my vision, O Lord of my heart
Naught be all else to me save that Thou art

ki ona whakaaro. Kia waiho taku hinengaro hei wāhi tapu hei whakanoho i te Wairua Tapu ki te nohoanga. Ia riro te reira i te mau parau nō te ite e nō te paari e no te heheuraa.

I ētahi wa, ka tohe ahau ki te mā o ōku whakaaro, a ka kite ahau he āwhina tēnei. Ka manaakitia anō e ahau taku whakaaro, kia whakamahia ai mō te pai, kaua mō te kino. I raru ahau me taku whakaaro i tērā rā – he kōpikopiko noa i ngā tini wāhi kāore au i pai ki te haere – ana ka aro mai te Atua ki ahau, 'Tirohia i o whakaaro a Ihu e mahi ana i ana merekara … ka kite nā koe ano e mahi ana.' Kua kite ahau he pai ake te whakaaro mō tētahi mea pai (Piripai 4:8) kaua ki te whakaaro mō te kore e whakaarohia tētahi mea! Āna ko te manaaki i to hinengaro ake me to whakaaro ka awhina i te whakatutukitanga o te kaupapa tapu.

I tētahi wa i te ngakau pouri ahau mō te koretake o taku whakaaro-ora, ka puta ake ngā kupu o te himene tawhito i roto i tōku ngakau:

Hei tirohanga koe māku, e te Ariki o tōku ngakau kāore he mea katoa kia ora koe Ko Koe koe taku

Thou my best thought by day or by night
Waking or sleeping, Thy Presence my light.

Blessing Our Bodies

Are you familiar with the verse: *'A merry heart does good, like a medicine'* (Proverbs 17:22)? The Bible is saying that our bodies respond to positive words and thoughts:

I bless my body. Today I break infirmity off myself.
I bless my physical well-being.

I once watched a video about a man who had a serious heart problem. His bypass had become blocked. He blessed his arteries for about three months, declaring them to be fearfully and wonderfully made. On returning to the doctor, it was discovered that he had miraculously had a new bypass!

I thought I would try this for my skin. I had a problem with sun damage from my youth. Now in my old age, little growths would come up on my shoulders and back, needing to be frozen off every few months. I

tino whakaaro i te ao, i te po E oho ana, e moe ana rānei, Ko to aroaro tōku rama.

Te manaakitanga o tātou tinana
Kei te mōhio koe ki te whiti: 'He pai te ngākau koa, pai te rongoā' (Whakatauki 17:22)? E kī ana te Paipera e aro ana o tātou tinana ki ngā kupu me ngā whakaaro pai:

Ka manaakitia e au taku tinana. I tēnei rā ka pakaru i ahau te ngoikoretanga. Ka manaakitia e au te oranga o tōku tinana.

I mātaki ahau i tētahi ataata mō tētahi tāngata he raru tōna ngākau. Kua aukatia tana pāhitanga. I manaakitia e ia ona uaua mo te toru marama pea, e kī ana he wehi, he hanga whakamiharo. I te hokinga atu ki te tākuta, i kitea he merekara tana mahi i tētahi ara hou!

I whakaaro ahau ka whakam`atauria tēnei mō taku kiri. I raru ahau i te kino o te ra mai i taku tamarikitanga. I taku koroheketanga, he iti ngā tipu ka peke ake i oku pakihiwi me taku tuara, me whakatete katoa

decided to bless my skin. At first I just blessed it in Jesus' name. But then I read something about the nature of skin which changed my perspective. I realised that, although I was covered with it, I didn't know much about the largest organ in my body. I had talked *about* it, but I had never talked *to* it. And I doubt I had said anything nice about it – instead I complained. I was ungrateful.

But skin is amazing. It is an air-conditioning and sanitation system. It shields the body from invading germs and it heals itself. It covers and protects all our inner parts and does so beautifully.

> *Thank God for skin – wrinkles and all. Bless you, skin.*

After several months of this kind of blessing, my skin is now almost healed, but the key was when I began to appreciate and be thankful for it. It is fearfully and wonderfully made. A real lesson indeed. Complaining repulses the Kingdom of God; thankfulness attracts it.

i ngā pūrehurehu. I whakatau au ki te manaaki i taku kiri. I te tuatahi, ka manaakitia e ahau i runga i te ingoa o Ihu. Heoi ka pānuihia e au tētahi mea mō te āhua o te kiri e huri nei ki taku tirohanga. I whakaarahia e au, ahakoa i kapi katoa ahau, kāore au i paku mōhio mō te nama nui kei roto i taku tinana. I kōrerohia e au mō taua mea, engari kāore anō au kia kōrero atu. Āna e whakapono ana kua kōrero au mō tētahi mea pai – ka amuamu ahau. Kāore au i tino maioha.

Engari he mīharo te kiri, he punaha haurangi me te punaha horoi. Ka tiakina e ia te tinana mai i ngā iroriki whakaeke ka whakaorangia ake e ia anō. Ka hipoki, ka tiaki hoki i o tātou wāhanga o roto ka ataahua te mahi.

Ka tuku mihi ki te Atua mō te kiri – kita me ngā mea katoa. Manaakitia to kiri.

I muri i ngā marama maha o tēnei momo manaakitanga, kua tata tapahi taku kiri, engari ko te mea nui i te wa i tīmata ai au ki te maioha me te mihi. He mataku, he miharo te hanga. He tino akoranga. Te amuamu kia whakakahoretia te rangatiratanga o te Atua; mā te mihimihi e kukume.

Here is a testimony from my friend, David Goodman:

Some months ago I heard Richard preach on the subject of blessing – a somewhat innocuous subject, but one that resonated because of the angle from which it came. The upshot was that blessing need not be something we ask God for, but that we as Christians have the authority, if not responsibility, to take out into this fallen world and, as Christ's ambassadors, make an impact on the lives of other individuals for the Kingdom of God. We can go out and bless them in their lives, and reveal Christ to them at the same time.

The idea is fine when one is considering others, but this idea struck a brick wall for me when I had to consider blessing myself. I could not shake off the notion that I was not worthy, that I was being selfish, that I was taking God for granted. My ideas changed when I saw that we, as Christians,

Anei te whakaaturanga mai i taku hoa, David Goodman:

I ētahi marama kua hipa ake ka rongo au i a Richard e kauwhau ana mō te kaupapa manaaki – he kaupapa kino noa iho, engari he kaupapa i rangona na te koki i ahu mai ai. Ko te kōrero nui ko te manaakitanga kaua e waiho hei mea e tonoa e tātou ma te Atua, engari ko tātou ano he Karaitiana te mana, ki te kore te kawenga, ki te kawe ki tēnei ao hinga, ana, i te mea ko nga karere a te Karaiti i awe i nga oranga o ētahi atu. te Basileia o te Atua. Ka taea e tātou te haere ki waho ki te manaaki i a rātou i roto i o rātou oranga me te whakaatu i a te Karaiti i taua wa ano.

He pai te whakaaro i te wā e whakaaro ana tētahi ki ētahi, engari ko tēnei whakaaro i pā ki te pakitara pereki māku i te wā e whakaaro ana ahau ki te manaaki. Kare i taea e au te wehe atu i te whakaaro kāore au i tika, kei te noho pipiri ahau, kei te whakahua ahau i te Atua I rerekē aku whakaaro i taku kitenga i a tātou, ngā Karaitiana, he mea hanga hou, whānau hou ka hangaia mō tētahi kaupapa kua whakamahere-

are a new creation, born again and created for a purpose that God has planned for us. That being so, the body we have now is one that we should treasure and take care of – we are now, after all, a temple for the dwelling of the Holy Spirit.

That said, I started a short experiment – each day I would wake, I would bless a part of my body, thank it for its performance; praise it for a job well done. I would praise my fingers for their dexterity, for the skills they have in doing all the tasks required of them and more. I would praise and thank my legs for the tireless job of transportation and speed, for their ability to work in unison. I praised my body for all parts working well together. One odd thing came out of this.

Because I felt so much better physically and mentally, I turned my thoughts to that of a pain that I had had for some months in my lower arm – a pain that seemed to be in the bone and which

hia e te Atua mō tātou. Nā, ko te tinana e mau ana i a tātou ināianei, he mea pai ki a tātou ki te tiaki, ki te tiaki – kei roto nei tātou i te temepara hei nohoanga mō te Wairua Tapu.

I kī tērā, i tīmata taku whakamatautau iti – ia ra ka oho ahau, ka manaaki ahau i tētahi wāhanga o taku tinana, ka mihi mō āna mahi; whakamoemiti mō te mahi kua oti pai. Ka whakamoemiti ahau ki aku maioha mō ō rātou pūkenga, mō ō rātou pūkenga ki te mahi i ngā mahi katoa e hiahiatia ana mā rātau me te maha atu. Ka whakamoemiti ahau ka whakawhetai hoki ki ōku waewae mō te mauiui o te mahi kawe me te tere, mo te kaha ki te mahi ngātahi. I whakamoemiti au ki taku tinana mō ngā wāhanga katoa e mahi pai ana. I runga i ngā mea rerekē i puta mai i tēnei.

Nā te mea i tino pai taku pai o te tinana me te hinengaro, ka huri au ki aku mamae mō te mamae i pa ki ahau mo ētahi purehurehu i taku ringa o raro – he mamae i kitea i roto i te wheua a me raru tonu i ngā wā katoa whakaahuru i te rū

needed to be rubbed regularly to at least partially relieve the constant throbbing. I focused on this area, praising my body for its healing abilities, for its tenacity to overcome those things that are thrown against it, for the support that other parts could give while repairs could be made to another. It was only about three weeks later that I woke one morning and realised that I no longer felt any pain in my arm; that the ache had entirely vanished and has not returned.

I came to realise that while there is surely a time and place for the gift of healing to be exercised through faith for the benefit of others, there is also another avenue open to us as individuals to engage the gift of healing in ourselves. It is a lesson in humility, that we can trust what God has given to our new bodies, that we can go forth in confidence in a new and living way of life.

I have received many testimonies of physical healing in response to blessing. You can read these at www.richardbruntonministries.org/testimonies.

o te tuitui. I arotahi ahau ki tēnei wāhanga, me te whakamoemiti ki taku tinana mō ōna kaha whakaora, mō tana manawanui ki te wikitoria i ngā mea e whiua ana ki a ia, mō te awhina ka taea e ētahi atu wāhanga te whakapai ake i a rātou ki tētahi atu. Tata tonu ki te toru wiki i muri mai ka oho ahau i tētahi ata ka mohio kaore au i mamae i taku ringa; kua pau katoa te mamae a kua kore i hoki mai.

I mōhio ahau ahakoa he wa me he wāhi mo te taonga whakaora kia whakamahia i runga i te whakapono hei painga mo ētahi atu, he ara ano kua tuwhera mai ki a mātou takitahi ki te whakauru i te taonga whakaora ki a tātou ano. He akoranga mō te haehaa, ka taea e tātou te whakawhirinaki ki ta te Atua i homai ki o tātou tinana hou, ka taea e tātou te haere i runga i te maia ki tētahi oranga hou.

He maha ngā whakaaturanga kua tae mai ki ahau mō te whakaora tinana hei whakautu ki ngā manaakitanga. Ka taea e koe te pānui i ēnei i te www.richardbruntonministries.org/testimonies.

Blessing Your Home, Marriage and Children

Your House – Typical House Blessing

It is a good idea to bless your house and to renew that blessing at least once a year. Blessing the place where you live simply involves using your spiritual authority in Christ Jesus to dedicate and consecrate that place to the Lord. It is inviting the Holy Spirit to come, and compelling everything else that is not of God to leave.

A home is not just bricks and mortar – it has personality too. Just as you have legal access to your house now, someone else had legal access to it, or your property, before you. Things may have happened in that place that brought either blessings or curses. No matter what happened, it is *your* authority that determines what the spiritual atmosphere will be like from now on. If there is demonic activity still going on from past ownership, you will likely sense it – and it is up to you to drive these forces out.

Of course, you have to consider what demonic forces you may be unwittingly giving access to your home

Te manaakitanga i to kāinga, te marena me ngā tamariki

To whare

He mea pai te manaaki i to whare me te whakahou i taua manaakitanga kia kotahi neke atu i te tau. Ko te manaaki i te waahi e noho ana koe ko te whakamahi i to mana wairua i roto i a Karaiti Ihu ki te Ddicatg me te whakatapu i taua wāhi ki te Ariki. ko te tono i te Wairua Tapu kia haere mai, me te whakahau i ngā mea katoa kaore i te Atua kia haere.

Ko te kāinga ehara i te pereki noa – he tuakiri ano tōna. Ka rite ki to uru ture ki to whare inaianei, kua uru atu tētahi ki te ture, ki to kāinga rānei, i mua i a koe. I puta pea ētahi mea ki tera waahi i mauria mai he manaakitanga, he kanga rānei. Ahakoa he aha te mea i tupu, ko to mana te whakatau he aha te ahua o te wairua i tēnei wa. Mena he mahi rewera tonu te mahi mai i nga rangatira o mua, ka mohio pea koe – ana kei a koe te pērā i enei mana.

Āe rā, me whakaaro koe he aha ngā rewera ka ahei pea koe ki te whakauru atu ki to kāinga ake. Kei i a

yourself. Do you have ungodly paintings, artefacts, books, music or DVDs? What TV programmes do you allow in? Is there sin in your home?

Here is a simple blessing you could make as you walk through your house room by room:

I bless this house, our home. I declare that this house belongs to God, I consecrate it to God and place it under the Lordship of Jesus Christ. It is a house of blessing.

I break every curse in this house with the blood of Jesus. I take authority over any and every demon in Jesus' name and I command them to leave now and never to return. I cast out every spirit of strife, division and discord. I cast out the spirit of poverty.

Come Holy Spirit and evict everything that is not of You. Fill this house with Your presence. Let Your fruit come: love, joy, peace, kindness,

koe ētahi peita, taonga, taonga, pukapuka, puoro DVD me ngā DVD rānei e kore e tauhou? He aha ngā hotaka pouaka whakaata e whakaaehia ana e koe? He hara kei to kāinga?

Anei tētahi manaaki ngawari ka taea e koe te hīkoi i a koe e haere ana i roto i to rūma i tō whare i te rūma:

Ka manaakitia tēnei whare, tō mātou kāinga. Ka kī au nā te Atua tēnei whare, ka whakatapua e ahau ki te Atua ka waiho i raro i te Rangatiratanga o Ihu Karaiti. He whare manaaki tēnei.

Ka whati ahau i ngā kanga katoa i roto i tēnei whare me te toto o Ihu. Ka tango ahau i te mana ki runga i ngā mea kino i runga i te ingoa o Ihu, ka whakahaua kia haere atu inaianei kia kaua e hoki anō. Ka peia ngā wairua whakawehe katoa, ka maka. Ka peia te wairua o te rawakore.

I haere mai te Wairua Tapu me te pei i ngā mea katoa ehara māu. Whakakīa tēnei whare ki tō aroaro. Kia puta ōu hua; te aroha, te koa, te

patience, goodness, gentleness, faithfulness and self-control. I bless this house with overflowing peace and abounding love. May all who come here sense Your presence and be blessed. In Jesus' name, amen.

I have walked around the boundary of my property, blessing it and spiritually applying the blood of Jesus Christ for the protection of the property, and the people within it, from every evil and from natural disasters.

Your Marriage

We have the kind of marriage we bless or we have the kind of marriage we curse.

When I first read this statement in *The Power of Blessing* by Kerry Kirkwood, I was a bit shocked. Is this true?

I've given it a lot of thought, and I believe that these words are largely true – any unhappiness with our marriage or our children is due to us not blessing

rangimarie, te manawanui, te pai, te ngawari, te pono me te mana whakahaere. Ka manaakitia tēnei whare me te rangimarie nui me te aroha nui. Kia mārama te hunga katoa e haere mai ana ki konei i tō aroaro me te manaaki. I roto i te ingoa o Ihu amene.

Kua huri haere ahau i te rohe o taku whenua, kei te manaaki me te tono wairua i ngā toto o Ihu Karaiti hei tiaki i te whenua, me nga tāngata o roto, mai i nga kino katoa me ngā parekura taiao.

Tō marena

Kei a mātou te momo marena e manaaki ana tātou, he momo marena ka kanga ai mātou.

I taku pānuitanga tuatahi ki tēnei kōrero i roto i *Te Kaha o te Manaakitanga* (*The Power of Blessing*) nā Kerry Kirkwood i āhua ohorere ahau. He pono tēnei?

He maha nga whakaaro i whakaarohia e au, a e whakapono ana au he pono enei kupu – ko nga pouri katoa mo ta māua marenatanga, mo a mātou tama-

them! By blessing, we receive God's intended goodness towards us in full measure – including long life and healthy relationships. We become partakers, or partners, with what and whom we are blessing.

Watch out for curses. Husbands and wives know each other so well. We know all the hot buttons. Do you say anything like this? Are these kinds of things ever said over you? 'You never listen', 'Your memory is terrible'. 'You can't cook', 'You're hopeless at…' If said often enough, these kinds of words become curses and become true.

Don't curse, bless. Remember, if you curse (speak death words) you will not inherit the blessing God wants for you. Worse than that, cursing affects *us* more than the one we may be cursing. Could that be one reason why prayers are not answered?

Learning to bless can be like learning a new language – awkward at first. For example,

riki ranei, na te mea kaore mātou i manaaki i a rātou! Ma te manaaki, ka whiwhi tātou i te tino pai o te Atua ki a tātou – tae atu ki te ora roa me nga hononga hauora. Ka uru tātou, nga hoa taapiri ranei, ki te aha, ki a wai hoki tātou e manaaki ana.

Kia tupato ki ngā kanga. E tino mōhio ana ngā tane me ngā wahine tētahi ki tētahi. Kei te mohio tātou pātene wera katoa. Kei te pēnei tāu kōrero? Ko ēnei momo mea kua kōrerohia mōu? 'Kāore koe i whakarongo', 'He raru tō whakamaharatanga'. 'Kāore e taea te tunu kai'. 'Kāore koe e manukanuka…' Mena he maha āna kōrero, ko ēnei momo kupu ka kanga, ka pono.

Kaua e kanga, manaaki. Kia mahara, ki te kanga koe (kōrerotia ngā kupu mate) kāore koe e whiwhi i te manaakitanga e wawatahia ana e te Atua māu. Ko te mea kino rawa atu, ko te kanga ka pā ki a tātou nui atu i te kanga atu ki tētahi atu. Kāre pea i runga i te take kāore e whakautua ngā karakia?

Ko te ako ki te manaaki he rite ki te ako i tētahi reo hou – he koretake i te tuatahi. Hei tauira,

> *Nicole, I bless you in the name of the Father, the Son and the Holy Spirit. I release all of God's goodness over you. May God's intentions for your life come to fruition.*
>
> *I bless your gift of meeting and loving people, your gift of warm hospitality. I bless your gift of making people feel at ease. I declare that you are God's hostess, that you receive people as He would. I bless you with energy to keep doing this even in your latter years. I bless you with health and long life. I bless you with the oil of joy.*

Your Children

There are many ways to bless a child. Here's how I bless my granddaughter, who is four years old:

> *Ashley, I bless your life. May you become a wonderful woman of God. I bless your mind to remain sound and for you to have wisdom and discernment in all decisions. I bless your body to*

Nicole, ka manaakitia koe e ahau i runga i te ingoa o te Matua, te Tama me te Wairua Tapu. Ka tukua e ahau te katoa o te pai o te Atua ki runga i a koe. Ko te manako ia ka manaakitia te Atua ia koe mō te katoa o tō oranga.

Ka manaakitia i a koe ki tūtaki koe i ngā tāngata ka aroha hoki koe i a rātou, kia manaaki manuhiri, kia manaakitia i aua tangata kia ngawari ai te iwi. E kī ana ahau ko koe te kaimanaaki a te Atua, kia tau ngā tāngata kia rite ki a ia. Ka manaakitia koe kia mau tonu āu mahi tae atu mō ngā tau ka heke mai. Ka manaakitia koe ki ora ai koe mō ake tonu. Ka manaakitia koe ki te hinu o te koa.

Āu tamariki

He maha ngā huarahi hei manaaki i te tamaiti. Anei tāku hei manaaki i taku mokopuna, e whā ona tau:

Ashly, ka manaaki ahau i tō koiora. Kia waiho koe hei wahine whakamīharo a te Atua. Ka manaakitia e ahau tō hinengaro kia noho ora, kia mārama ai koe me te mōhio hoki ki ngā

remain pure until marriage and to be healthy and strong. I bless your hands and feet to do the work that God has planned for you to do. I bless your mouth. May it speak words of truth and encouragement. I bless your heart to be true to the Lord. I bless your husband-to-be and your future children's lives with richness and unity. I love everything about you, Ashley, and I am proud to be your papa.

Of course, where a child is struggling in some area we can bless them appropriately. If they find it difficult to learn at school, we can bless their minds to remember lessons and to understand the concepts behind the teaching; if they are being bullied, we can bless them to grow in wisdom and stature and in favour with God and other children; and so on.

I remember speaking with a wonderful woman of God about her grandson. Everything she said about

whakatau katoa. Ka manaakitia e ahau i tō tinana kia noho mā kia tae noa ki te marena, kia ora, kia kaha. Ka manaaki ahau i ō ringaringa me ō waewae kia mahi i ngā mahi kua whakaritea e te Atua māu. Ka manaaki ahau i tōu mangai. Kia kōrero i ngā kupu pono me ngā kupu akiaki. Ka manaakitia e ahau tō ngākau kia pono ki te Ariki. He manaakitanga hoki mō tō hoa tāne me āu tamariki. He pai ki ahau ngā mea katoa mōu, Ashley, ā, he tino whakahirahira ahau hei pāpā mōu.

Ae rā, i te wā e raru ana te tamaiti i ētahi wāhi ka taea e tātou te manaaki i a rātou. Mēna he uaua ki a rātou ki te ako i te kura, ka taea e tātou te manaaki i o rātou hinengaro ki te maumahara ki ngā akoranga me te mārama ki ngā kaupapa o muri o ngā whakaakoranga; mēna kei te tukinohia rātou, ka taea e tātou te manaaki i a rātou kia tipu ake tō rātou mātauranga me o rātou mana me te manako o te Atua me ētahi atu tamariki; aha atu.

Ka hoki mahara ahau ki tētahi kōrero ki tētahi wahine mīharo a te Atua mō tana mokopuna. Ko āna kōrero

him focussed on his faults, his rebellious attitude, and the behavioural problems he was having at school. He had been sent to a camp to help get him on the straight and narrow, and had been sent home again because he was so disruptive.

After listening for a while, I suggested to the woman that she was inadvertently cursing her grandson through the way she was speaking about him, and that she was imprisoning him with her words. So she stopped speaking negatively, and instead she intentionally blessed him. Her husband, the boy's grandfather, did the same. Within a matter of days, the boy had completely changed, returning to the camp and flourishing. Talk about a quick response to the awesome power of blessing!

One of the most wonderful things that a father can give his children is a father's blessing. I learnt about this from *The Father's Blessing* by Frank Hammond, which is a wonderful book. Without a father's blessing there is always a sense of something missing – a void is created that nothing else can fill. Fathers, lay hands on your children, and other family members,

katoa mōna i aro nui ki ōna hē, tōna āhua kutu, me ngā raru o tana whanonga i te kura. I tukuna ia ki tētahi puni ki te āwhina i a ia ki te whakawhiti me te kuiti, ka whakahokia anō ki te kāinga nā te mea i tino raru ia.

I muri i te whakarongo mō tētahi wā poto. I kī atu ahau ki te wahine kei te tuku kino ia ki runga i tana mokopuna nā roto i te āhua o te kōrero mōna me te mauherehere i a ia me ana kupu. Nā, ka mutu tana kōrero kino, ka tuku tana aroha. Ko tana hoa rangatira, ko te tūpuna o te tama, i pērā hoki. I roto i ētahi rā i huri kē te tamaiti, ka hoki ki te puni me te waipara. Koia te pai o te karakia me te manaakitanga o te Atua!

Ko tētahi mea tino nui ka taea e te pāpā te hoatu ki āna tamariki ko te manaaki a te pāpā. I ākona e au tēnei mai i *Te pāpā o Blessing* (*The Father's Blessing*) na Frank Hammond, he pukapuka tino pai. Kāore he manaakitanga a te pāpā ka kitea tonu tētahi mea e ngaro ana – kāore tētahi au mea e taea e tētahi atu te whakakī. E nga pāpā, toro atu ōu ringa ki ō tamariki, me ētahi atu mema o te whānau, (toro atu tō ringa

(e.g. place your hand on their head or shoulders) and bless them often. Discover the good things God will do for both you and them.

Wherever I share this message, I ask adult men and women, 'How many people here have ever had their father lay hands on them and bless them?' Very few people raise their hands. Then I turn the question around: 'How many people here have *never* had their father lay hands on them and bless them?' Almost everyone raises their hand.

Then I ask if they would allow me to be a spiritual father to them in that moment – a substitute – so that I might, in the power of the Holy Spirit, bless them with the blessing they never had. The response has been overwhelming: tears, deliverance, joy, healing. Just amazing!

If you yearn for a father's blessing, as I did, then say the following out loud over yourself. It is a blessing that I have adapted from Frank Hammond's book.

ki runga i ō rātou mahunga, ō rātou pokohiwi) me te manaaki i a rātou. Tirohia ngā mea pai ka mahia e te Atua mā koutou.

I ngā wāhi katoa e whakaatu ana ahau i tēnei kōrero, ka patai au ki nga pakeke, 'E hia ngā tāngata o konei kua pā mai o rātou ringa ki runga ki a rātou ka manaaki i a rātou?' He tokoiti rawa te hunga kua hiki te ringa. Ka huri au ki te patai: 'E hia ngā tāngata o konei kāore anō kia pā te ringa o tō rātou pāpā ki runga ki a rātou ka manaakitia rātou?' Tata ki te katoa te hiki i te ringaringa.

Nā ka pātai atu au mēnā ka whakaae rātou kia tū ai ahau hei pāpā wairua ki a rātou i tera wā – hei whakakapi – kia taea ai e ahau, i runga i te kaha o te Wairua Tapu, te manaaki i a rātou me ngā manaakitanga kāore i whiwhi. Ko te whakautu he roimata nui, he whakaoranga, he koa, he whakaora he tino mīharo.

Mēnā kei te hiahia koe ki te manaaki o tētahi pāpā, pērā ki au, he manaakitanga tēnei mai i te pukapuka a Frank Hammond.

A Father's Blessing

I love you my child. You are special. You are a gift from God to me. I thank God for allowing me to be a father to you. I love you and I'm proud of you.

I ask you to forgive me for the things I've said and done that have hurt you. And for the things I didn't do, and for the words I never said that you wanted to hear.

I break and cut off every curse that has followed you as a result of my sins, your mother's sins and the sins of your ancestors. I praise God that Jesus became a curse on the cross that we could come out from under every curse and enter into the blessing.

I bless you with the healing of all wounds of the heart – wounds of rejection, neglect and abuse that you have suffered. In Jesus' name, I break

He manaakitanga o te matua

Aroha ahau ki a koe taku tamaiti. He motuhake koe. He koha koe nā te Atua ki ahau. Ka whakawhetai ahau ki te Atua mō tāna i tuku mai i ahau hei matua mōu. Aroha ana ahau ki a koe, whakahihi pai ahau ki a koe.

Murua ngā hara, aku kōrero me aku mahi i whara i a koe. Mō ngā mea, kāore au i mahi, mō ngā kupu, kāore au i kī e hiahia ana koe ki te whakarongo.

Ka whati i ahau ka topea atu ngā kanga katoa i whai i a koe i runga i ōku hē, i ngā hara o tōu whaea me ngā hara o ō tūpuna. Ka whakamoemiti ahau ki te Atua nā Ihu i kanga i runga i te ripeka kia puta ai mātou mai i raro i ngā kanga katoa ka uru ki te manaaki.

Ka tuku ngā manaakitanga ki runga i a koe mā te rongoa o ngā whara katoa o te ngakau – ngā maru o te paopao, te tauawhi me te tukino i pa ki a koe. I runga i te ingoa o Ihu, ka whati i ahau

the power of all cruel and unjust words spoken over you.

I bless you with overflowing peace, the peace that only the Prince of Peace can give.

I bless your life with fruitfulness: good fruit, abundant fruit and fruit that remains.

I bless you with success. You are the head and not the tail; you are above and not beneath.

I bless the gifts that God has given you. I bless you with wisdom to make good decisions and to develop your full potential in Christ.

I bless you with overflowing prosperity, enabling you to be a blessing to others.

I bless you with spiritual influence, for you are the light of the world and the salt of the earth.

te kaha o ngā kupu nanakia, kino katoa hoki i kōrerotia i runga i a koe.

Ka tuku ngā manaakitanga ki runga i a koe mā te rangimarie nui, te rangimarie e taea ana e te Piriniha o te Rongomau te hoatu.

Ka tuku ngā manaakitanga ki runga i to koiora me te hua; hua pai, hua nui me nga hua e toe ana.

Ka tuku ngā manaakitanga ki runga i a koe kia angitu koe. Ko koe te mahunga ehara i te hiku; kei runga koe ehara i raro.

Ka manaakitia koe e ahau ki te whakaaro nui ki te whakatau kaupāpā pai me te whanake i roto i te Karaiti.

Ka manaakitia koe e ahau ma te hua o te kaha, kia taea ai e koe te manaaki i ētahi atu.

Ka manaakitia koe e ahau ki ngā mana wairua, ko koe hoki te marama o te ao me te tote o te whenua.

I bless you with depth of spiritual understanding and a close walk with your Lord. You will not stumble or falter, for the Word of God will be a lamp to your feet and a light to your path.

I bless you to see women/men as Jesus did and does.

I bless you to see, draw out and celebrate the gold in people, not the dirt.

I bless you to release God in the workplace – not just to testify, or model good character, but also to glorify God with the excellence and creativity of your work.

I bless you with good friends. You have favour with God and man.

I bless you with abounding and overflowing love, from which you will minister God's grace to others. You will minister God's comforting grace

Ka manaakitia ahau i a koe mā te hōhonu o te māramatanga o te wairua me te hīkoi tata ki tō Ariki. E kore koe e tutuki, e kore e ngoikore; nō te mea ko te kupu a te Atua hei rama ki o waewae, hei marama ki tō ara.

Ka manaakitia ahau i a koe kia kite i ngā wāhine / tāne pēnei i a Ihu i kite ai.

Ka manaakitia ahau i a koe kia kitea te pai me te kounga o te tangata, kaua ko te paru.

Ka manaakitia ahau i a koe kia tukuna anō te Atua ki te wāhi mahi – kaua ko te whakaatu anake, ko te whakatauira i te tangata pai, engari kia whakanui hoki i te Atua mā te hiranga o te mahi.

Ka manaaki ahau i a koe kia whai hoa pai. He hononga tāu ki te Atua me te tangata.

Ko taku manaaki tēnei ki a koutou i runga i te aroha tino nui, ko te aroha noa o te Atua e hora ana ki runga i a koutou me ētahi atu. Ka atawhai

to others. You are blessed, my child! You are blessed with all spiritual blessings in Christ Jesus. Amen!

Testimonies of the Value of a Father's Blessing

I was changed by the father's blessing. Since I was born I had never heard such a message preached. I have never had a biological father to speak into my life up to where I am now. God used you, Richard, to bring me to a point where I needed to pray and have a spiritual father declare a father's blessings on my life. When you released a father-to-son blessing, my heart was comforted and now I am happy and blessed. – Pastor Wycliffe Alumasa, Kenya

It had been a long and difficult journey navigating my way through depression; a battle fought on many fronts – mind, spirit, body. Healing my past ended up being key and nothing was a more significant step forward than forgiving my father – not only for the hurtful things he had done in the past but more so for the things he

koe e te Atua. Ka manaakitia koe, e taku tamaiti! Kua manaakitia koe ki ngā manaaki wairua katoa i roto i a Karaiti Ihu, Amine!

Ngā kupu tautoko o te uara o te manaaki a te matua

I tīnihia ahau nā ngā manaakitanga a te pāpā. Mai i taku whanautanga kāore au i rongo i ngā kōrero pēnei i kauwhautia. Horekau taku pāpā i tōku ao, tae noa ki tēnei wā. Nā te Atua koe i whakamahi Richard, ki te kawe i ahau ki te wāhi ki te īnoi ki taku pāpā kia whakapaingia i ahau. I te wā i tukuna e koe he manaakitanga pāpā-ki te-tama i waimarie taku ngākau, ā, inaianei kei te koa ahau kua manaakitia. – Pastor Wycliffe Alumasa, Kenya

He haerenga roa, he uaua hoki, i te haereēre haere i roto i te pōuri, he pakanga i whawhai ki ngā taha maha – te hinengaro, te wairua, te tinana. Ko te whakaora i aku mea o mua he mea matua, kāore he mea nui ake hei muru i taku pāpā – kaua ko ngā mahi kino i mahia i ngā wā o mua engari ko ngā mea kāore anō

hadn't done – his omissions. My father never told me he loved me. He had an emotional block. He couldn't find loving, caring, emotional words to say – despite a craving in my soul to hear them.

Whilst through the forgiveness and inner healing journey my depression lifted, I still carried some physical symptoms – the biggest being irritable bowel syndrome. I had been prescribed drugs and a diet from my doctor with some but little effect, which I was told were to manage the symptoms, as opposed to providing a remedy.

A friend of mine, Richard, had been telling me stories about the father's blessing, and what responses people had. Something in my spirit caught hold of the idea. I became aware of the fact that while I had forgiven my father for the gap he left, I hadn't actually filled the gap or satisfied my soul's craving.

And so it happened. One morning in a café, over breakfast, Richard stepped into the shoes my father couldn't fill and blessed me as a son. The

i mahia e ia – ngā mahi hē ki a ia. Kāore taku pāpā i whakaatu tana aroha ki ahau. He pango pango ōna kare-ā-roto. Kāore i kitea e ia ngā kupu aroha, aroha hoki ki te kōrero – ahakoa te hiahia o tōku wairua ki te rongo.

I a au e muru ana, e haumanu ana ea ai tōku pōuri. I te mau tonu ahau i ētahi tohu ā-tinana – ko te mate puku tino pukuriri. I whiwhi au ētahi rongoā me te kai mai i taku tākuta he rite tonu engari he iti noa te pānga, i kī mai ki ahau ko te whakahaere i ngā tohu, he rerekē ki te whakarato rongoa.

I kōrero tētahi o aku hoa, a Richard, ki ahau mō ngā manaakitanga o te pāpā, me ngā whakautu a te iwi. He mea i roto i tōku wairua i mau ki te whakaaro. I mōhio au i murua e au taku hara ki taku pāpā mā te wehenga i mahue i a ia. Kāore au i whakakī i te wāhi ka makona tōku wairua.

Ā pērā tonu. I tētahi ata i roto i te kawhe, i te parakuihi. I uru mai a Richard ki roto i ngā hū kāore i taea e taku pāpā te whakakī me te manaaki i

> *Holy Spirit fell on me and remained with me that entire day. It was a beautiful experience and that part of my soul which had been crying out was at peace.*
>
> *An unexpected outcome however was that my symptoms of irritable bowel syndrome stopped completely. My medication and the doctor's diet were thrown out. When my soul received what it had been craving, my body was healed too. – Ryan*
>
> *I spoke and read out the 'Father's blessing' over myself. I could hardly get it out – I just cried and cried and felt the Lord was healing me. My own father had only ever cursed me and spoken negatively over me until he died. I somehow felt released. – Mandy*

The Father's Blessing has had a significant impact wherever I have spoken it. You can read a number of testimonies at www.richardbruntonministries.org/testimonies, and watch a video of the Father's Blessing at www.richardbruntonministries.org/resources.

ahau hei tama. I tau iho te Wairua Tapu ki runga ki ahau, ā, ka tau i te rā katoa. He wheako tino ataahua, anā ko te wāhanga o taku wairua e karanga nei i te mea i tau te rangimarie.

Tētahi mea kāore i kitea ko te mutu o te mamae o taku piropiro. I whakarerea aku pire me ngā whakaritenga kai o te tākuta. I te wā i whiwhi taku wairua i tāku nā hiahia, i ora ai taku tinana.
– Ryan

I kōrero, i pānui au i te 'Manaakitanga o te matua' ki runga i āu. I uaua te whakaputa – i tangi marika au, i rongo au i te manaakitanga o te Atua. He mahi kangakanga noa taku pāpā ki a au me te kōrero kino ki runga i a au tae noa ki tōna matenga. I whakawātea pai au. – Mandy

Kua kitea nuitia te pānga o Te Manaakitanga o te Matua i ngā wāhi katoa kua kōrero ai au. Pānuitia ngā kōrero tautoko i www.richardbruntonministries.org/testimonies, mātakitakina ngā kiriata o Te Manaakitanga o te Matua i www.richardbruntonministries.org/resources.

Blessing Others by Releasing the Prophetic

Although I have given examples to help you get started, it is good to ask the Holy Spirit to help you be like God's mouth, declaring and releasing God's specific intention or a 'word in season' (the right word at the right time). If the situation permits, activate your spirit with praying in tongues or worship.

You may start by using the various models above, but trust that the Holy Spirit will direct you. Listen to His heartbeat. You may start haltingly, but you will soon catch the heart of the Lord.

Blessing Your Workplace

Turn back to Part 1 and adapt the example I gave, from my own experience, to your circumstances. Be open to what God shows you – He may adjust your perspective. Blessing is not some kind of magic spell. For example, God will not make people buy what they don't need or want. Nor will God bless laziness and dishonesty. But if you meet His conditions, then

Te manaaki i ētahi atu mā te tuku i ngā poropiti

Ahakoa kua hoatu e au he tauira hei āwhina i a koe kia tīmata. He mea pai ki te tono ki te Wairua Tapu kia āwhina i a koe kia rite ki te mangai o te Atua, te whakaputa me te tuku i tā te Atua hiahia, i tētahi kupu rānei i te wā e tika ana (te kupu tika i te wā e tika ana). Mēna ka āhei te āhuatanga ki te whakaoho i tō wairua mā te karakia i roto i ngā reo kē, te karakia rānei.

Ka tīmata koe mā te whakamahi i ngā momo tauira i runga ake, engari whakawhirinaki ki te Wairua Tapu hei arahi i a koe. Whakarongo ki tana whakapau ngakau. Ka tīmata pea tō tīmata, engari ka mau tonu te ngakau o te Ariki.

Te manaakitanga i tō wāhi mahi

Hoki atu ki te wāhanga 1 kia kitea te tauira i hoatu e au. Mai i ōku ake wheako ki ō ahuatanga. Kia mataara ki tā te Atua e whakaatu ai ki a koe – Ka taea e ia te whakatika i tō tirohanga. Ko te manaaki ehara i te momo mahi makutu. Hei tauira, ka kore te Atua e tuku i ngā tāngata ki te hoko i ngā mea kāore e hiahiatia ana e rātou. Ka kore hoki te Atua e manaaki i

you should bless your business – that God would help you to take it from where it is now to where He wants it to be. Listen for His counsel or the counsel of people He sends to you. Be open. But also expect His favour, because He loves you and wants you to succeed.

I received the following testimony from Ben Fox:

> *My particular job in the property industry underwent changes in the last few years and there had been a significant downturn in my business. I had gone to several people to pray for my job because my workload was declining to the point where I was worried and anxious.*
>
> *About the same time, in early 2015, I heard Mr Brunton preach a series of messages about blessing one's job, business, family and other areas. Until that time, the focus of my prayers had been to ask God to help me in these areas. The idea of ourselves speaking a blessing had not been taught to me, but I can now see that it*

te mangere me te pono. Engari mēna kua tutuki i a koe tana tikanga, me manaaki e koe tō pākihi – mā te Atua koe e āwhina ki te tango mai i ngā wāhi inaianei ki te wahi e hiahia ana ia. Whakarongo ki āna tohutohu, mā ngā whakaaro a te hunga ka tukuna atu ki a koe. Kia tuwhera engari me tatari anō kia manakohia e ia nā te mea e aroha ana ia ki a koe me te hiahia kia angitu koe.

I whiwhi ahau i ēnei whakaaturanga mai i a Ben Fox:

> *I whakarerekēhia aku mahi motuhake i te umanga i roto i ēnei tau kua hipa ake nei, ā, kua tino heke taku pākihi. I haere ahau ki ētahi tāngata ki te īnoi mō aku mahi nā te mea i heke aku mahi, i puta te āwangawanga ki roto i ahau.*
>
> *I taua wā tonu, i te timatanga o te tau 2015, i rongo ahau i a Mr Brunton e whakaputa ana i ngā kōrero mō te manaakitanga o tana mahi, umanga, whānau me ētahi atu mea. I mua i taua wā, ko te kaupapa o aku karakia ki te Atua kia āwhina mai i a au i ēnei mea. Kāore au i ako ki te tuku karakia, engari kua kite ahau inaianei*

is written throughout the Bible, and I know that God calls us, and has given us the authority, to do so in the name of Jesus. So I started to bless my work – to speak the word of God over it and to thank God for it. I persisted with blessing my work each morning and also thanking God for new business, asking Him to send me clients whom I could help.

Over the next twelve months, my work volume increased significantly and, since then, at times I have been hard-pressed to handle the amount of work that has come my way. I have learned that there is a way to include God in our everyday vocations, and blessing our work is part of what God calls us to do. I therefore give God all the credit. I also began to invite the Holy Spirit into my workday, asking for wisdom and creative ideas. In particular, I have noticed that when I ask the Holy Spirit to help me with the efficiency of my work, I usually finish it well before the expected time.

kua oti te tuhituhi i roto i te Paipera, ā, e mōhio ana ahau kei te karanga mai te Atua ki a tātou, kua homai hoki e ia he mana ki a tātou, kia mahi i runga i te ingoa o Ihu. Nō reira i tīmata ahau ki te manaaki i aku mahi – ki te kōrero i te kupu a te Atua, me te Atua hoki. I nganga tonu ahau ki te manaaki i aku mahi ia ata, me te whakawhetai anō ki te Atua mō āna pākihi hou, me te tono kia tukuna mai e ia ki ahau ngā kaitono ka tāea e au te āwhina.

I roto i nga marama tekau mā rua e heke mai ana, i nui ake aku mahi, mai i taua wā, i ētahi wā ka kaha taku tohe ki te whakahaere i ngā mahi kua tae mai ki ahau. Kua ako ahau he huarahi anā hei whakauru i te Atua ki roto i ā tātou mahi katoa me te manaaki i a tātou mahi he wāhanga nō te Atua e kī mai ana kia mahi. Nō reira, ka whakawhetai ahau ki te Atua. I tīmata anō ahau ki te tono i te Wairua Tapu ki roto i taku mahi mō te paari me ngā whakaaro auaha. Inā, kua kite au i te wā e tono ana ahau ki te Wairua Tapu kia āwhina i ahau kia pai ake aku mahi, ka oti pai i ahau i mua o te wā e manakohia ana.

It appears to me that the teaching of the blessing, and how to do it, has been forgotten by many churches, as other Christians I talk to are not aware of it. Blessing my work has now become a daily habit, as has blessing others. I also look forward with expectation to seeing the fruit in the people and the things I bless when it is in accordance with God's Word and in Jesus' name.

Blessing a Community

I am thinking here of a church – or similar organisation – blessing the community in which it operates.

People of .... (community), we bless you in the name of Jesus to know God, to know His purposes for your lives, and to know His blessings on each one of you, your families and all the situations of your lives.

We bless every household in .... (community). We bless every marriage and we bless

Ki taku titiro kua warewarehia e te maha o nga whare karakia te ako o te karakia me pēhea te mahi, i te mea kāore ētahi o ngā Karaitiana e mohio ana. Ko te manaaki i aku mahi inaianei kua noho hei mahi ia ra, me te manaaki i ētahi atu. Kei te tumanako anō kia kite i ngā hua o ngā tāngata me ngā mea e whakapaingia ana e au inā he rite ki te Kupu a te Atua me te ingoa o Ihu.

Te manaaki i te hapori
Kei te whakaaro ahau i konei mō tētahi whare karakia – he kaupapa pēra rānei – e manaaki ana i te hapori e mahi ana.

E te iwi …………… (hapori), ka manaaki mātou i a koe i runga i te ingoa o Ihu kia mōhio koe ki te Atua, kia mōhio ki ana kaupapa mo tō oranga, kia mohio hoki ki tana manaakitanga ki a koutou katoa, ki tō whānau me ngā ahuatanga katoa o tō koutou oranga.

Ka manaakitia e mātou ngā kāinga katoa o te …………… (hapori). Ka manaakitia e mātou

the relationships between family members of different generations.

We bless your health and your wealth. We bless the work of your hands. We bless every wholesome enterprise you're involved with. May they prosper.

We bless the pupils at your schools; we bless them to learn and to understand what they are taught. May they grow in wisdom and in stature and in favour with God and man. We bless the teachers and pray that school may be a safe and wholesome place, where belief in God and in Jesus can be comfortably taught.

We speak to the hearts of all the people who are in this community. We bless them to be open to the wooing of the Holy Spirit and to become more and more responsive to the voice of God. We bless them with the overspill of the Kingdom of Heaven that we experience here at .... (church).

ngā marena katoa, ka manaaki hoki i ngā hononga i waenga i ngā mema o te whānau o ngā whakatupuranga rereke.

Ka manaakitia e mātou tō hauora me ō taonga. Ka whakapai mātou ki ngā mahi i ō ringaringa. Ka manaakitia ngā umanga whai hua katoa e piri ana koe. Kia kake rātou.

Ka manaakitia e mātou ngā ākonga i ō kura, ka manaaki mātou i a rātou ki te ako kia mārama ki ngā mea e akohia ana. Ia tupu rātou i roto i te manako o te Atua te tangata. Ka manaakitia e mātou ngā kaiwhakaako me te inoi kia noho te kura hei wāhi haumaru, hei oranga mō te kura, kia pai ai te ako ki te whakapono ki te Atua me Ihu.

Ka kōrero mātou ki ngā ngākau o ngā tāngata katoa o tēnei hapori. Ka manaakitia e mātou kia tuwhera rātou mō te whakaipoipo a te Wairua Tapu kia kaha hoki te aro ki te reo o te Atua. Ka manaaki tātou i a rātou me te kaha nui o te rangatiratanga o te Rangi e kitea ana e tātou i konei i te .... (whare karakia).

Obviously this type of blessing should be customised for the particular type of community. If it is a farming community, you might bless the land and the animals; if it's a community where unemployment is common, then bless local businesses to create jobs. Target the blessing to the need. Don't worry about whether they deserve it or not! People will sense in their hearts where the blessing has come from.

Blessing the Land
In Genesis, we see God blessing humankind, giving them dominion over the land and all living things, and commanding them to be fruitful and to multiply. This was an aspect of humankind's original glory.

When I was in Kenya recently, I met a missionary who took in street kids and taught them about agriculture. He told me the story of a Muslim community who claimed that their land was cursed, because nothing would grow on it. My missionary friend and his Christian community blessed the land and it became

Āe rā, ko tēnei momo manaaki me whakarite mō tētahi momo hapori. Mēnā he hapori ahuwhenua koe ka manaakitia te whenua me ngā kararehe, mēnā he hapori e noho kore mahi, me manaaki ngā pākihi o te rohe kia whai mahi. Whakahauhia te manaaki ki te hunga kore. Kaua e mānukanuka mēnā he tika tā rātou ki a rātou kāore rānei! Ka rongo te iwi i roto i ā rātou ngākau i ahu mai te manaaki.

Te manaakitanga o te whenua
I roto i te Genesis, ka kite tātou i te Atua e manaaki ana i ngā tāngata, e hoatu ana i a rātou te rangatiratanga mō te whenua me ngā mea ora katoa, me te whakahau kia hua rātou kia tini. Koinei tētahi o ngā āhuatanga o te kororia o te tangata.

I ahau i Kenya tata nei, i tūtaki ahau i tētahi Mihinare nāna i kawe ngā tamariki o te tiriti ki te ako rātou ki te mahi whenua. I kōrerotia mō te hapori Muslim i kī kua kanga ō rātou whenua nā te mea kāore i tipu ngā kai. Ko taku hoa mihinare me tana hapori Karaitiana i tuku karakia mō te whenua ka whai hua.

fertile. This was a dramatic demonstration of God's power released by blessing.

While in Kenya, I also walked all around the orphanage our church supported, blessing their orchard, their garden, their chooks and their cows. (I have blessed my own fruit trees with great results.)

Geoff Wiklund tells a story of a church in the Philippines that blessed a piece of church land in the midst of a serious drought. Their land was the only place that received rain. Neighbouring farmers came to gather water for their rice from the ditches that surrounded the perimeter of the church land. This is another remarkable miracle in which God's favour was released through blessing.

Blessing the Lord

Although I have left this to last, it should really come first. The reason I put it last, however, is because it doesn't seem to fit the model of 'speaking the intentions or favour of God over someone or something'. Rather, it is the idea of 'making happy'.

He whakaaturanga whakamīharo tēnei mō te kaha o te Atua i tukuna nā te karakia.

I ahau i Kenya, i hīkoi au i te whare pani i tautokohia e tā mātau whare karakia, i tuku karakia mō ngā huarākau, ō rātou maara, a rātou heihei me ō rātou kau. (Kua manaakitia e au aku huarakau me ngā hua pai.)

I kōrero a Goff Wikiund mō tētahi whare karakia i Piripi i manaakitia ai tētahi whenua hahi i waenga i te matewai nui. Ko tō rātau whenua te wāhi anake i whiwhi ua. I haere mai nga kaipāmu tata ki te kohi wai mō a rātau raihi mai i ngā waikeri i karapoti i te rohe o te whenua hahi. Koinei anō tētahi merekara whakamīharo i tukuna mai ai te Atua.

Whakapaingia (Manaakitanga) te Ariki

Ahakoa kua waiho tēnei mō te mutunga, me tuatahi kē. Ko te take i waiho mō te mutunga, nā te mea kāore i tau tōna noho i te wāhanga 'kōrero i ngā whakaaro, i te manako rānei o te Atua ki tētahi atu, ki tētahi mea rānei'. Engari, kia koa te whakaaro.

How do we bless God? One way of doing this is demonstrated in Psalm 103:

> *Bless the Lord O my soul ... and forget not all His benefits...*

What are the Lord's benefits towards our souls? He forgives, heals, redeems, crowns, satisfies, renews...

I make it a practice to remember and thank God every day for what He does in and through me. I remember and appreciate all that He is for me. This blesses Him, and me too! How do you feel when a child thanks or appreciates you for something you've done or said? It warms your heart and makes you want to do more for them.

A Final Word from a Reader

> *It is hard to explain how blessing has transformed my life. In my brief experience so far, no one has turned down a blessing when I have offered to give one – I even had the chance to bless a*

Mē pēhea hoki e manaaki, e te Atua? Ko tētahi ara mō tēnei e whakaatuhia ana i roto i te Waiata 103:

> *Whakapaingia te Ariki E tōku wairua … ā kaua e wareware ki āna painga katoa…*

He aha ngā painga o te Ariki mō tō tātou wairua? Ka murua e ia, ka whakaora, ka hoko, ka karauna, ka mākona, ka whakahou…

Ka whakawhetai ahau ki te Atua i ngā rā katoa mō tana mahi. Ka maumahara tonu ki a ia i ngā wā katoa. Ka manaakitia tāua! Ka pēhea koe ki te mihi te Tamaiti ki a koe mō tētahi mea i mahi ai koe i kōrero ai rānei? He mea whakamahana i tō ngākau ka hiahia koe ki te mahi māna.

He kupu whakamutunga mai i te kaipānui

> *He uaua ki te whakamārama he pēhea i rerekētanga ai tōku ora. I roto i aku wheako poto noa nei, kāore tētahi i whakakore i tētahi manaakitanga i te wa i tuku atu ai au – i whai*

Muslim man. Offering to pray a blessing over a person's life opens a door … it is such a simple, non-threatening way to bring the Kingdom of God into a situation, into a person's life. For me, being able to pray a blessing has added a very special tool to my spiritual tool kit… it's like a part of my life was previously missing and has now been slotted into place… – Sandi

A Final Word from the Author
I believe this is from God:

Christian, if you only knew the authority you have in Christ Jesus, you would change the world.

wāhi anō ahau ki te manaaki i tētahi tāngata Muslim. Ko te inoi kia manaakitia te koiora o te tangata ka huaki he kuaha … he huarahi ngawari, kore whakawehi tēnei ki te kawe i te rangatiratanga o te Atua ki tētahi āhuatanga, ki te oranga o te tangata. Mōku nei, ko te inoi kia manaaki tētahi atu he hua mō taku kete wairua… he rite ki tētahi wāhanga o taku oranga i ngaro, ā, kua kitea te wāhi e ngaro ana… – Sandi

He kupu whakamutunga mai i te kaituhi
Whakapono ahau nō te Atua tēnei:

Karaitiana mā, mēnā i mohio koe ki tō mana i roto i a Ihu Karaiti, ka huri kē koe i te ao.

APPLICATIONS

- Think of someone who has hurt you – forgive if necessary, but then go further and bless them.

- Consider things you say regularly where you curse others or yourself. What are you going to do about it?

- Write out a blessing for yourself, your spouse, and your children.

- Meet with another person and be open to prophesy over them. Ask God for the revelation of something specific and encouraging for that person. Start with speaking in general terms, for example, 'I bless you in the name of Jesus. May God's plans and purposes for your life come to fruition…' and wait, be patient. Remember you

NGĀ TONO

- Whakaarohia tētahi tangata kua tūkino i a koe – murua mēnā he tika, engari me haere ki te manaaki i a rātou.

- Whakaarohia ngā mea e kōrerohia ana e koe i ngā wā ka kanga koe i etahi atu, i a koe rānei. Ka aha koe?

- Tuhia he manaakitanga māu, mā tō hoa rangatira, mā ōu tamariki.

- Me hui tahi ki ētahi atu hei whakakitenga mō rātou. Uia te Atua mō te whakakitenga mai o tētahi mea motuhake me te whakatenatena mō taua tangata. Me tīmata te kōrero i ngā kōrero whānui, hei tauira, 'Ko ngā manaaki o Ihu ki runga i a koe. Kia whiwhi i ngā hua o te Atua me ana kaupapa mō tō oranga…' me tatari, kia

have the mind of Christ. Then swap over, and have the other person prophetically bless you.

- In your church, construct a corporate blessing to outreach and heal your region, or bless the mission you already have.

manawanui. Kia mahara kei a koe te hinengaro o te Karaiti. Ka huri ki tētahi atu kia karakia mōu.

- I roto i tō whare karakia, hangaia he karakia ki te toro atu ki te whakaora i tō rohe, ki te manaaki rānei i te mīhana kei a koe nā.

HOW TO BECOME A CHRISTIAN

This little book was written for Christians. By 'Christians', I don't just mean people who live good lives. I mean people who are 'born again' by the Spirit of God and who love and follow Jesus Christ.

People are made in three parts: spirit, soul and body. The spirit part was designed to know and commune with a holy God, who is Spirit. Humans were made for intimacy with God, spirit to Spirit. However, human sin separates us from God, resulting in the death of our spirit and loss of communion with God.

Consequently, people tend to operate out of their souls and bodies only. The soul comprises the intellect, the will and the emotions. The result of this is only too apparent in the world: selfishness, pride,

ME PĒHEA TE TŪ TŪTURU HEI KARAITIANA

Ko tēnei pukapuka iti nā tētahi Karaitiana i tuhi, mō ngā 'Karaitiana'. Ehara mō te hunga e ora pai ana. Mō te hunga kua 'whānau anō' e te Wairua o te Atua e aroha ana e whai ana i a Ihu Karaiti.

E toru ngā wāhanga o te tangata; te wairua, te mauri me te tinana. Ko te wāhanga wairua i hangaia kia mōhio ki te Atua tapu, ko ia te Wairua. I hangaia ngā tangata kia noho tūturu ki te Atua, wairua o te Wairua. Heoi, ko te hara o te tangata ka wehe i a tātou mai i te Atua, ka mate te wairua, ka ngaro te hononga ki te Atua.

Nā tēnei, ka whakamahi e ngā tāngata i ō rātau wairua me o rātau tinana anake. Kei roto i te wairua te mōhio, te hiahia me ngā kare-ā-roto. Ko te mutunga o tēnei ko te mārama anake o te ao: te matapiko, te

greed, hunger, wars, and lack of true peace and meaning.

But God had a plan to redeem humankind. God the Father sent His Son, Jesus, who is also God, to come to earth as a man to show us what God was like – *'if you have seen Me you have seen the Father'* – and to take upon Himself the consequences of our sin. His horrible death on the cross was planned from the very beginning and was predicted in detail in the Old Testament. He paid the price for humankind's sin. Divine justice was satisfied.

But then God raised Jesus from the dead. Jesus promises that those who believe in Him will also be raised from the dead to spend eternity with Him. He gives us His Spirit *now*, as a guarantee, so that we would know Him and walk with Him for the remainder of our earthly lives.

So there we have the essence of the gospel of Jesus Christ. If you acknowledge and confess your sin, if you believe that Jesus took your punishment upon Himself on the cross and that He was raised from

whakapehapeha, te apo, te hiakai, ngā pakanga, te rangimarie kore me te māramatanga.

Engari he mahere tā te Atua ki te whakaora i te hunga tangata. I tonoa mai e te Matua tana Tama, a Ihu, ko ia hoki te Atua, kia haere mai ki te ao hei whakaatu mai ngā āhuatanga o te Atua – Ka mea atu mēnā kua kite koe i ahau kua kite koe i te Matua' – ka mau ki a ia anō ngā hua ō tātou hara. Ko tana matenga i runga i te ripeka i kitea mai i te tīmatanga, i tohua i roto i te Kawenata Tawhito. I utua e ia te utu mō te hara o te tangata. Kua ea te tika a te Atua.

Heoi ka whakaarahia ake a Ihu i te Atua i te mate. Ka oati a Ihu ko te hunga e whakapono ana ki a ia ka whakaarahia mai anō i te hunga mate ki te noho ki a ia mō ake tonu atu. Homai ana e ia tana Wairua ki a tātou i tēnei wā, hei tohu, kia mohio ai tātou ki a ia, kia haere tahi ai tātou mō ake tonu atu.

Nō reira kei i a tātou te kaupapa o te rongopai o Ihu Karaiti. Ki te whakaae koe ka whakī i ō hara, ki te whakapono koe i mau a Ihu ki runga i a ia i runga i te ripeka, kua whakaarahia ake ia i te hunga mate, ka

the dead, then His righteousness will be imputed to you. God will send His Holy Spirit to regenerate your human spirit – that's what it means to be born again – and you will be able to begin to know and commune with God intimately – which is why He created you in the first place! When your physical body dies, Christ will raise you up and give you a glorious, imperishable one. Wow!

While you continue on this earth, the Holy Spirit (who is also God) will work *in* you (to clean you up and make you more like Jesus in character) and *through* you (to be a blessing to others).

Those who choose not to receive what Jesus paid for will go to judgement with all its consequences. You don't want that.

Here is a prayer you can pray. If you pray it sincerely you will be born again.

> *Dear God in heaven, I come to You in the name of Jesus. I acknowledge to You that I am a sinner. (Confess all your known sins.) I am truly sorry for*

tau te tika ki a koe. Mā te Atua e tuku tōna Wairua Tapu ki te whakaora i te wairua o te tangata – koinā hoki te tikanga kia whānau anō koe – ka taea e koe te timata te kōrero ki te Atua – koinā te take i hanga ai koe i te tuatahi! Ki te mate tō tinana tinana, mā te Karaiti koe e whakaara ake e hoatu ki a koe tētahi mea hōnore, kore e pirau. Aue!

I a koe e haere tonu ana i tēnei whenua, ka mahi te Wairua Tapu (ko ia nei hoki te Atua) i roto i a koe (ki te horoi ia koe kia rite koe ki a Ihu) me tō taha (hei manaakitanga mā ētahi atu).

Ko te hunga i kore e whakaae ki te tango i ngā mea i utua e Ihu ka haere ki te whakawā me ōna hua katoa. Kāore koe e hiahia ana i tērā.

Ānei tētahi tangata ka taea e koe te īnoi. Ki te īnoi pono koe ka whānau anō koe.

> *E te Atua i te rangi, ka haere atu ahau ki a koe i runga i te ingoa o Ihu. Kei te whākina ahau ki a koe mō ōku hara. (Whākina ō hara katoa e mōhiotia ana.) Kei te tuku i aku whakapāha mō*

my sins and the life that I have lived without You and I need Your forgiveness.

I believe that Your only Son, Jesus Christ, shed His precious blood on the cross and died for my sins, and I am now willing to turn from my sin.

You said in the Bible (Romans 10:9) that if we declare that Jesus is Lord and believe in our hearts that God raised Jesus from the dead, we shall be saved.

Right now I confess Jesus as the Lord of my soul. I believe that God raised Jesus from the dead. This very moment I accept Jesus Christ as my own personal Saviour and, according to His Word, right now I am saved. Thank You, Lord, for loving me so much that You were willing to die in my place. You are amazing, Jesus, and I love you.

Now I ask You to help me by Your Spirit to be the person that You purposed for me to be from

aku hara me tōku oranga i mua i te hono atu ki a koe, ā, ka hiahia ahau kia murua i ōku hara.

Ki taku whakapono ko tāu Tama kotahi, ko Ihu Karaiti, i whakaheke i ōna toto i runga i te ripeka ka mate mo aku hara, ā, kei te hiahia ahau inaianei ki te tahuri mai i ōku hara.

I kī koe i roto i te Paipera (Rōma 10:9) mēna ka whakapā atu tātou ko Ihu te Ariki me te whakapono ki ō tātou ngākau nā te Atua i whakaara i a Ihu i te mate, kia ora tātou.

I tēnei wā ka whakaae ahau kia Ihu te Ariki o tōku wairua. E whakapono ana ahau nā te Atua i whakaara a Ihu i te mate. I tēnei wā tonu ka whakaae ahau ki a Ihu Karaiti hei kaiwhakaora i ahau, e ai ki tana kupu, inaianei kua ora ahau. Ngā mihi e te Ariki, mō tō aroha ki ahau i te mea i pai koe ki te mate hei whakakapi mōku. He miharo koe, e Ihu, ka aroha ahau ki a koe.

Nā ka tono atu ahau ki a koe, ki te āwhina i ahau e tou wairua ki te tangata i whakaaro nā koe ki

before the beginning of time. Lead me to fellow believers and the church of Your choice that I might grow in You. In Jesus' name, amen.

ahau i mua o te īo te wā. Arahina ahau ki ō hoa me te hahi i whiriwhiria e koe kia tupu ai ahau i roto i a koe. I runga i te ingoa tapu a Ihu Karaiti, amene.

Thanks for reading this little book.
I would love to receive testimonies of how
blessing has transformed your life,
or the lives of those you've blessed.
Please contact me via:
richard.brunton134@gmail.com

Visit www.richardbruntonministries.org

About the author: Richard Brunton co-founded Colmar Brunton in 1981 and built it into New Zealand's best known market research company. He retired in 2014 and has since devoted his time to writing, speaking and ministry, in New Zealand and beyond. He is also the author of *Anointed for Work* – an invitation to step into an exciting and fulfilling world, where the supernatural has a powerful impact in the workplace.

Ngā mihi tino nui i tāu pānui i tēnei pukapuka iti.
E hiahia ana ahau ki te rongo kōrero mō
te manaaki i huri ai tō koiora me ngā oranga o
te hunga kua manaakitia e koe.
Tēnā koa whakapiri mai ki ahau mā taku īmera:
richard.brunton134@gmail.com

Tirohia www.richardbruntonministries.org

Mō te kaituhi: Ko Richard Brunton te kaiwhakauru a Colmar Brunton, i te tau 1981, ā, i hangaia he kamupene rangahau rongonui o Aotearoa. I rītaia i te tau 2014, kua whakapau kaha ki te mahi tuhituhi, kōrero me te mahi minita i Niu Tireni me tua atu hoki. Ko ia anō te kaituhi o *Anointed for Work* – he pōwhiri ki te haere ki roto i te ao whakaihiihi me te whakatutukitanga, kei reira te mana o te tipua e tino awe ana i te wāhi mahi.

www.ingramcontent.com/pod-product-compliance
Lightning Source LLC
Chambersburg PA
CBHW072335300426
44109CB00042B/1581